R07118 73366

Chicago Public Library
Bucktown-Wicker Park Branch
1701 N. Milwaukee
Chicago, IL 60647

Larga distancia

Seix Barral Los Tres Mundos *Crónica*

Martín Caparrós
Larga distancia

Caparrós, Martín
   Larga distancia.- 1ª ed. – Buenos Aires : Seix Barral, 2004.
   256 p. ; 23x14 cm.

   ISBN 950-731-404-0

   1. Relatos de Viajes I. Título
   CDD 910.4

Diseño de colección:
Josep Bagà Associats

© 1992, 2004, Martín Caparrós

Derechos exclusivos de edición en castellano
reservados para todos los países de lengua española:
© 2004, Grupo Editorial Planeta S.A.I.C. / Seix Barral
Independencia 1668, C1100ABQ Buenos Aires

ISBN 950-731-404-0

1ª edición: 4.000 ejemplares

Impreso en Verlap S.A. Producciones Gráficas,
Spurr 653, Avellaneda,
en el mes de marzo de 2004.

Hecho el depósito que indica la ley 11.723
Impreso en la Argentina

Ninguna parte de esta publicación, incluido
el diseño de la cubierta, puede ser
reproducida, almacenada o transmitida
en manera alguna ni por ningún medio,
ya sea eléctrico, químico, mecánico,
óptico, de grabación o de fotocopia,
sin permiso previo del editor.

Chicago Public Library
Bucktown-Wicker Park Branch
1701 N. Milwaukee Ave.
Chicago, IL 60647

*Para mi madre,
ahora que entendí*

AHORITA

Larga distancia *fue mi primer libro de crónicas*. Cuando se publicó, en 1992, en la Argentina no había mucho de eso. Ahora tampoco. En el mundo, los grandes cronistas —Capote, García Márquez, Kapuscinski, Martínez, Hitchens— se leen y releen. Aquí, la crónica se ha convertido en la mulita de nuestro periodismo: una especie medio extinguida en un medio dominado por editores que diseñan medios gráficos para lectores que no leen. Un lector que no lee es, por definición, un no-ente —y, por lo tanto, no responde—, pero los editores se sorprenden cuando sus periódicos teclean. No abundan los músicos que componen para sordos, plásticos que pintan para ciegos, pero sobran medios gráficos que limitan la escritura al mínimo posible: que deciden competir con la radio y la televisión pareciéndose a la radio y a la televisión, en lugar de apostar a la singularidad de su propio material: a lo que sólo la escritura puede.

La crónica es una síntesis de lo que el periodismo puede hacer con la palabra escrita —y viceversa. La crónica convierte al periodismo en algo más que información que morirá mañana —o eso intenta, al menos, dispuesta a morir en el intento. Por eso reeditar este libro en 2004 es, entre otras cosas, una petición de principios: que la crónica, a veces, la puede contra el tiempo.

Pasaron doce años. Esta edición de *Larga distancia* incluye el artículo con el que Tomás Eloy Martínez dio cuenta de su aparición y, por supuesto, todos aquellos relatos —corregidos para la ocasión, pero no mucho. Varios de ellos se *usan todavía para atormentar a estudiantes, otros aparecieron en diversas antologías, otros durmieron bien y ahora se despiertan; algunos, quizá, no. Muchos, sospecho, se volvieron cuentos. Ojalá.*

M.C., enero 2004

Apogeo de un género

La crónica es, tal vez, el género central de la literatura argentina. La tradición literaria parte de una crónica magistral, el *Facundo*. Otros libros capitales como *Una excursión a los indios ranqueles*, de Mansilla; *Martín Fierro*, de Hernández; *En viaje*, de Cané; *La Australia argentina*, de Payró; los *Aguafuertes* de Arlt; *Historia universal de la infamia* y *Otras inquisiciones*, de Borges; los dos volúmenes misceláneos de Cortázar (*La vuelta al día...* y *Último round*); y los documentos de Rodolfo Walsh son variaciones de un género que, como el país, es híbrido y fronterizo.

Larga distancia ahonda esa tradición y la renueva. Aunque el eje sobre el que se articulan los dieciocho textos (¿o capítulos de novela, o fragmentos de autobiografía?) son los viajes, en cada movimiento hay núcleos de ficción, estaciones del pensamiento donde Caparrós entra en conflicto con los azares de su propia mirada y establece con el lector una relación cómplice, una especie de diálogo subterráneo en los que se juegan cartas como los mitos cinematográficos, el cine norteamericano de los 50, las iconografías argentinas, el Quijote, el Che, los sueños de la historia.

Tres cualidades saltan a la primera lectura: la belleza de una escritura que desconfía de la belleza, la ternura con que el autor se relaciona con sus personajes, la ironía con que se distancia de ellos para no falsear el retrato. Aunque, como se advierte en la primera página, los textos de *Larga distancia* fueron en una primera versión artículos periodísticos, la inmediatez —que es una de las condiciones madres del periodismo— se ha esfumado del libro. En cada línea hay, ahora, el tatuaje de lo permanente.

Ciertas imágenes están construidas para perdurar, aunque sean (¿cómo saberlo?) copias perfectas de la realidad: el señor Feng tocando *Cielito lindo* en su violín de Hong Kong, las excursiones fotográficas de Anatolyl Saderman por la ciudad vieja de Montevideo, las reflexiones de Mijail Nicolaievich frente a las tumbas de la familia Stalin, las galleras, las canciones de odio y las profecías del padre Aristide en Haití, el vía crucis del Che en La Higuera contado por los campesinos que no quisieron ayudarlo, el perro que el cronista nunca llega a comer en un hotel de Pekín, las estadísticas que entran como súbitos latigazos en las historias: "La sede central de la Federación Especial de Trabajadores Campesinos del Trópico de Cochabamba, que agrupa a 280 sindicatos cocaleros, es una habitación de cuatro por cuatro en el segundo piso de una casa ruinosa". La irrupción de esos datos secos en un texto de alta densidad narrativa, construido con frases suntuosas, duplican la eficacia de lo real, convierten lo perecedero en inolvidable.

Lo mejor de *Larga distancia* está, sin embargo, en esa zona equívoca donde las crónicas se entretejen con la historia y la historia con la ficción: relatos como el del coronel José Caparrós, que desaparece en la noche de la batalla; o el de Malcolm Lowry, que se confiesa con el autor en la funeraria Quo Vadis; o el de un viejo manco que en la Valladolid de 1604 lucha contra las deudas, acosado por los tumultos de una novela genial, mientras su hija Isabel vende el cuerpo a un caballero envarado que se llama don Alonso (¿Quijano?).

Quien haya leído las cuatro ficciones anteriores de Martín Caparrós descubrirá tal vez que en este libro escrito casi por azar, el autor ha encontrado por fin su voz. Una voz conmovedora, memorable, que no se parece a ninguna otra.

Tomás Eloy Martínez
Buenos Aires, junio de 1992

LARGA DISTANCIA

Ya nadie pide larga distancia. Si acaso, para escucharse las voces desde lejos, se recurre a intermediarios que simulan no serlo, que se disimulan tras cifras y siglas: DDI, 00. Ya nadie recuerda siquiera a aquellas mujeres que operaban el encuentro, e incluso la palabra operador cambió su significación.

Viajar para contarlo tiene, también, en estos tiempos de aviones y de televisores, algo arcaico. Como son arcaicos tantos otros placeres. El placer, en este caso, de dejarse contar, de acompañar una mirada claramente arbitraria: el relato de un viaje, el ínfimo fragmento de una vida.

Y el placer, para mí, de hacer de la mirada pretendidamente neutra del reportero un ojo caprichoso. Esconderse en un cruce: deslizarse más acá del periodismo, más allá de la literatura, para ocupar un lugar sin espacio: escribir crónicas.

Retratos del tiempo.

Hong Kong
El espíritu del capital

Los periodistas solían hablar del Rolls Royce rosa de la señora Chan, que hacía juego con su armiño rosáceo y su perrito de aguas sonrosadas, o del edificio más alto y bamboleante del planeta o de los siete mil cristales de Murano de la araña de aquel centro comercial —y no terminaban de darse cuenta de que el monumento estaba en otra parte. Lo tenían mucho más cerca, bajo sus narices embebidas en cerveza. Aquí, en el aeropuerto de Hong Kong, los altoparlantes no anuncian los vuelos porque salen tantos que la polución auditiva mataría a los más débiles; cada día, cincuenta mil valientes cruzan el aeropuerto con un dramamine en cada mano antes de despegar rozando las terrazas llenas de ropa de colores. En el bar del aeropuerto de Hong Kong, a la entrada, a mano derecha según se llega de la revisación, hay un menú de bronce: allí, los precios de las cocacolas y sándwiches del bar grabados en el bronce, inscriptos en el bronce por desafiar al tiempo, son un monumento discreto y orgulloso al triunfo del capitalismo más salvaje.

El señor Feng es viejísimo y toca el violín en una explanada de cemento frente a la bahía y las enormes torres. Estamos en la punta de Kowloon, en el extremo del territorio continental de la colonia, frente a la isla de Hong Kong. Son las siete de la mañana, estamos solos, y el señor está rodeado de piedras y de agua, como en la versión hipermoderna de un jardín chino. Los chinos, para parecer más chinos, utilizan los árboles como piedras —para completar sus monumentos— y las piedras como árboles —para adornar jardines.

Pero al señor Feng ya no le importa parecer nada, así que ahora está tocando *Cielito lindo*, y los dedos se le escurren de las cuerdas chillonas: el señor Feng toca el violín con demasiados temblores, mira los barcos que decoran la bahía y, después, antes de irse, me cuenta que siempre viene a tocar el violín las madrugadas.

—Antes de la Revolución yo era violinista en el Sassoon Hotel de Shanghai; mi turno terminaba a las dos de la mañana y, muchas noches, me contrataban para seguir tocando en alguna fiesta privada hasta más tarde. Eran una maravilla, esas fiestas, con docenas y docenas de mujeres. Yo tocaba y miraba y después, cuando salía, solía irme al Bund a tocar para mí.

En el Bund de Shanghai también había rascacielos, un río muy ancho y ajetreado de barcos y este olor suave de lo que todavía no ha empezado. Hong Kong es Shanghai, cincuenta años más tarde, y el señor Feng es casi una obviedad.

—Después tuve que escaparme y vine aquí y trabajé en una fábrica textil durante quince años, hasta que pude volver a vivir de mi violín. Ahora uno de mis hijos hizo dinero con la ropa y me mantiene. Yo extraño a Shanghai, pero sólo por las mañanas. Después, soy de Hong Kong.

Miente: nadie es de Hong Kong, ni siquiera por las tardes. Porque Hong Kong, afortunadamente, no es una patria —ni nada que se le pueda parecer.

Cuando empezó la locura, a principios de los cincuenta, Hong Kong ya era una de las últimas colonias del Imperio, un puerto relativamente libre y próspero donde unos pocos británicos se habían enriquecido con el tráfico de opio y usaban trajes blancos para que no se les notara, y un millón de chinos sudaban amarillo. Los blancos hablaban más de cricket que de negocios, porque era chic, aunque ya hacían más negocios que partidos de cricket, y los chinos sabían que eran chinos y que eso, entonces, era imperdonable.

Fue en esos años cuando empezaron las grandes avalanchas de refugiados de la República popular: primero los ricos escapados de Shanghai, después los campesinos hambrientos del salto hacia adelante, después los perseguidos por la revolución cultural y al final los perseguidos por haber hecho la revolución cultural. Fue un poco más tarde, a mediados de los sesenta, cuando empezó la industrialización salvaje, la fiebre de la producción en cada rinconcito. Hong Kong, ahora, tiene casi seis millones de habitantes apretujados en mil kilómetros cuadrados de montañas y costas estrechas, de los que sólo cien son habitables. Y tiene, también, el tercer mercado bancario y financiero del mundo, detrás de Nueva York y Londres; produce tanta ropa como Francia, cinco veces más relojes que Suiza y más juguetes que nadie. Son, al año, unos 85.000 millones de dólares en exportaciones, que les permiten tener la más nutrida flota de Rolls Royce y el mayor consumo de coñac francés por habitante en todo el mundo. Pero el calor no se dio cuenta y sigue ahí: el coñac se toma con hielo y seven-up, y algún Rolls Royce sale pintado de colores.

En el lobby del hotel Península un botones acaba de retirar ochenta y cuatro años con su palita de peltre repujada, y el aire huele a los mejores días del Imperio. Éramos tan felices, aquellos atardeceres de 1907. Tras los grandes ventanales algún escenógrafo muy kitsch ha diseñado una bahía repleta de sampanes; delante, en los sillones del lobby, en medio de la mejor exhibición de dientes que nadie haya soñado, mujeres que se cruzan de piernas con la gracia de un antílope sordo toman el té con señores que saben librar cheques como quien indulta a un condenado. Arriba hay suites de tres mil dólares por noche que incluyen valet, chofer, rolls y un video con la bendición del dios que el cliente prefiera y aquí, un poco más abajo, un chico del tamaño de un perro de yeso, de blanco y con bonete, reparte movicoms como si fueran hostias. Son siempre así, me explican, enanos y sonrientes: una vez, cuentan, uno se perdió en una alfombra de Bokara. Dicen que todavía lo están buscando, aunque todos sepamos que al cabo de quince minutos lo olvidaron y tomaron a otro, como mandan las reglas: el material humano es lo que abunda.

Abunda, abunda: en el barrio de Mong Kok, unas cuadras al norte, mercados y talleres se apilan para conseguir una densidad de 350.000 personas por kilómetro, pero cualquiera diría que hay por lo menos 360.000. Y abundan también las opciones, porque el mercado es libre: los que descreen de la ostentación y prefieren no alojarse en el Península pueden elegir unos compartimientos muy coquetos, compartidos. Por veinte dólares al mes tienen derecho a la cama de abajo. La cama de abajo está dentro de un cajón de madera de dos de largo por medio metro de ancho y alto. El cajón de abajo es un poco más caro que el de arriba, porque es más fácil trepar hasta él, pero es más barato que el del medio, porque ahí te molestan mucho los que suben y bajan.

—Lo importante es estar aquí, tener alguna chance. No hay que descorazonarse, hay que seguir peleando.

Dice Ho, un cantonés de sesenta años que ocupa un cajón de arriba y ni siquiera va a conseguir el pasaje de vuelta para su cadáver magro e inminente. Muchos de sus compatriotas, en cambio, sacan turno en la congeladora para que, cuando llegue el momento, les guarden los despojos una semana o dos, hasta que se arregle su traslado al pago chico —donde el entierro es entrañable y mucho más barato.

Hong Kong es una maravilla: hay un millón y medio de obreros que trabajan seis días por semana y diez o doce horas por día por setecientos u ochocientos dólares, que aquí no alcanzan para mucho, y agradecen al dios de la fortuna por estar en el lugar preciso, allí donde algún día podrán empezar a soñar con el rolls verde con lunares.

—Lo que caracteriza a quienes vienen a Hong Kong es que quieren convertir sus vidas en algo mejor.

Explica siempre sir David Wilson, el señor gobernador de su majestad graciosa. Estos obreros no se privan de nada: tienen, sin ir más lejos, varios miles de sindicatos. Algunos son más poderosos que el de los cocineros de aletas de tiburón, con sus 67 miembros, o su tradicional rival, el de los cocineros de alas de golondrina, con sus 34, pero en la fragmentación se anulan mutuamente. El año pasado, el promedio de jornadas perdidas por huelga fue de 0,021 por obrero. Hong Kong es la mejor copia de un paraíso que todavía no existe: no hay jubilación ni seguro de desempleo ni horarios de trabajo, y nadie tiene que pagar demasiados impuestos. Sí, de tanto en tanto, alguna multa: la semana pasada se cobraron 483 por tirar basura y 101 por escupir en la calle, porque Hong Kong es tan limpita.

El centro de Hong Kong es como un aeropuerto falso, como si los ricos de la ciudad tuvieran que convencerse siempre de que siempre están por despegar, de que no hay gravedad, de que la partida es una opción continua.

—No se preocupen, mis queridos. Están bien alojados y revestidos, pero pueden decolar en cualquier momento.

Dice el sueño de cualquier émigré. Y en Hong Kong el contacto entre el hombre y el suelo es muy escaso, por si las moscas. En el centro de Hong Kong las personas de bien no caminan por las veredas sino por una red interminable de puentes y galerías que pasan por encima o por debajo de las autopistas, y conectan parkings y edificios infinitos. En esos pasillos al futuro hay negocios lujosos, aire recién importado del ártico, muzak suavemente far east, bares al paso, pisos de mármol, mármoles falsos, mármoles verdaderos que parecen falsos, whiskerías que prometen los famosos cubitos de la Antártida y vidrios limpísimos para chequear de tanto en tanto que el mundo siga andando —allá lejos, afuera. El flujo no para nunca, de gente semejante: todos se visten imitación Armani o Kenzo, salvo unos pocos que se visten Kenzo o Armani, y huelen a delicias olvidables. Por los pasillos pasan increíbles mujeres amarillas con cuerpos italianos vestidos de París que se ponen medias blancas porque las rodillas de sus jefes rubias de ojos celestes ya están hartas del color local, y pasan aprendices de ejecutivos agresivos que algún día serán rubios ojos celestes de tanto luchar contra la rebeldía de su pelo ala de cuervo y pasan, detrás, todos los que quieren parecerse a los que acaban de pasar. Aquí todo pretende parecerse. Aquí todo es falso con esa falsedad espléndida que resulta vanguardia: seguramente dentro de unos años las cinco o seis ciudades que queden en el mundo serán como estos pasadizos. Es maravilloso: no hay donde sentarse en kilómetros a la redonda pero uno puede deambular horas y horas sin tocar nunca el suelo, sin exponerse, saltando de rama en rama y recogiendo aquí una fruta, allá una hoja, una hembra acullá. Alguien festeja con sonidos guturales.

—¡Keyyyy, buyyy, yyyyea!

Dice el sueño de cualquier mono que se precie. Por encima de los pasillos hay toneladas y toneladas de edificación esplendorosa. En el centro de Hong Kong los grandes edificios de las corporaciones suelen medir unos sesenta pisos, costar mil millones de dólares y mostrar todas las variantes de la estética contemporánea. Pero el técnico más importante no es el arquitecto sino el *feng shui*, el adivino tradicional chino que tiene que aprobar el lugar y los planos. En el edificio hipermoderno del *Honk Kong & Shanghai Bank*, el banco más importante de la colonia, las oficinas de los grandes ejecutivos no miran al bellísimo río de las Perlas sino a la pared verdosa de la montaña, un paisaje pobrecito que les permite recibir sin interferencias las emanaciones del Espíritu de la Tierra. Hubo tiempos en que los que hacían monumentos, los que proponían estéticas, eran los emperadores, después los reyes, los nobles o la iglesia. Después fueron los Estados: ahora son las corporaciones las que ocupan el espacio. El que pasea por las ruinas egipcias tiene la impresión de que en aquellos años sólo existían los faraones. Alguien paseará, mañana, por las ruinas de Hong Kong y sabrá que la ciudad más moderna del mundo pertenecía a unos hombres sin nombre.

Los pasillos, está claro, son infinitos; cuando se acaban, más allá, abajo, casi escondida, aparece una versión más calurosa y pobre de lo mismo. También es infinita. En esos barrios chinos de Hong Kong hay chinos con Winchester que custodian negocios que no parecen necesitar custodia, putas vestidas de china de opereta con sedas y tajos y un movicom rosa chillón, mendigos horripilantes que te ofrecen las llagas más perversas porque en la economía mercantil cada cual tiene que rentabilizar lo que Dios le sirvió. Allí, entre los carteles luminosos más guarangos del mundo, el populacho chino en shorts y chancletas escupe en cantonés, desuella patos vivos con unos cuchillitos muy coquetos, regatea cada minuto de su vida y se deja los días persiguiendo el gran sueño del rolls para ir a la pagoda los domingos. De pronto, un lifting de ocasión se cae de golpe, desatando una tormenta de pellejo en las costas del mar de la China, pero el incidente se olvida enseguida porque nadie está para perder el tiempo.

—¡La oreja, se me perdió esa oreja!
—Yo puedo decirle quién la tiene, pero quiero saber qué hay para mí.
—Yo puedo hacerle una copia inmejorable.

En estas calles es casi imposible caminar pero se puede comprar todo lo que en el mundo se puede comprar, desde las serpientes vivas necesarias para hacer la sopa de las cinco serpientes hasta un correcto helicóptero de combate, pasando por el mejor vino francés, la peor porcelana Ming, el último video o las trenzas de mi china. Dicen, incluso, que hay avances muy serios y que ya están por anunciar la invención de la tele en blanco y negro. En una joyería sin grandes pretensiones venden rolex de veinte mil dólares como si sólo el tiempo fuera oro, pero aquí nadie robaría un rolex porque todos saben que son siempre falsos. Todo es falso, con esa falsedad que se exporta tan bien: en un puesto callejero, un casete que dice ser de Sinatra suena como si el indio Gasparino cantara La Traviata, en otro se ofrecen remeras Lacoste falsas o Crocodile auténticas y hay copias de Cartier que valen casi tanto como un Cartier porque son mucho más Cartier que los originales.

Cada tanto se ve algún blanco con cara de pobre pero son pocos, porque los blancos son pocos, no más del dos por ciento, y la mayoría son funcionarios coloniales o empresarios y viven en suburbios como Repulse Bay, en enormes rascacielos frente al mar que incluyen playas recoletas y atardeceres inolvidables que se pueden contratar por un máximo de veinticuatro horas, mínimo de media. Los domingos se los suele ver disfrazados de californianos con tablas y colores flúo, chinas de colección y una barba de tres días, ensayando muecas de desprecio frente al espejito del beeme. Tratan de imitar a los realmente ricos, los que tienen tanto dinero como para no aparecer y encerrarse a edificar sobre sí mismos los mitos más caprichosos. Pero viven con el dolor de la derrota. En el barrio casi no se los ve aunque, de vez en cuando, el escape de un Jaguar que huele a Poisson falso los delata.

En el barrio, las colegialas portan zoquetes blancos, que quedan tan british sobre las piernas zambas; los colegiales, sus anteojos negros. En estos barrios industriosos hay chinos que llevan oros o camisetas viejas, según sean, y muchas veces los roles se intercambian. Los barrios chinos son como si el Once fuera un sea monkey que se cayó en el caldero de Asterix: calles y calles de edificios altos y grises que se enroscan entre la montaña y el mar, gastados, erizados de carteles y ropa tendida. Hong Kong es una ciudad vertical, donde el edificio más bajo tiene cinco o seis pisos y los normales veinte, donde la única tierra llana desocupada que se ve es el mar. Allí, en cada cuarto, además de dormir, alguien fabrica algo, comercia, industria. En esos edificios los pasillos estrechos huelen a rayos y se oye el ruido de las máquinas de coser o de los tornos de precisión, los gritos del pop-star local, el golpeteo del ábaco o el silencio de las computadoras. Debe ser maravilloso tener la decisión de estos cantoneses: no dudar, saber para qué diablos es la vida. Hay países que venden tecnología, máquinas, salchichas, un estilo. Hong Kong no, Hong Kong es más astuta que todo eso: Hong Kong vende obstinación, la prueba constante de que hay que tener sólo una idea y no hacerse preguntas.

  Aquí todos saben de qué color es el triunfo. El año pasado se calculó que dos de cada cinco chicos reprobados en los exámenes de la escuela primaria consideraron la posibilidad del suicidio. Varios se decidieron: todos saben que el camino al éxito pasa por algún aprendizaje de las técnicas y de la seducción. El éxito es sólo uno; pocos lo encuentran, pero nadie ignora qué debe buscar. En el *South China Morning Post* un aviso propone cirugía plástica para hombres, "para que mejoren sus negocios: usted lucirá tan confiado en sí mismo que nadie podrá dejar de confiar en usted". Los avisos de la tele hablan mucho de la pasión, pero la pasión siempre tiene como objeto un objeto: un rey vestido de chino pero muy occidental despide a sus súbditos con aspavientos porque no le traen otro chocolate Lindt:

  —Un chocolate pasional.

  Dice un locutor en inglés Oxford. Un galán italianísimo corre a la mujer que lo abandona por las calles de Roma. La alcanza ya de madrugada, pero ella no le importa: lo único que quiere es que le devuelva su foulard Bolleri:

—La vida hay que vivirla con pasión.

Dice otro locutor, que parece el mismo. Alguna vez, en alguna calle lateral, alguien levantará su monumento al genio que inventó la forma de aprovechar la lógica del inmigrante y convencer a todos estos de que con astucia y esfuerzo podían llegar a tocar el cielo con los muñones, y que ese cielo tiene una etiqueta en el orillo: es probable que sea un americano sonriente o un argentino que se equivocó.

En las calles de Hong Kong, en cualquier calle de Hong Kong, en todas, docenas de chinos hablan por movicoms para que nadie piense que no son indispensables. En Hong Kong hay más movicoms por cabeza que en cualquier otro sumidero del planeta, incluido el Florida Garden.

Pero ahora se empieza a rumorear que muchos de esos teléfonos son falsos, sólo capaces de simular que suenan con una regularidad establecida de antemano o, en caso de urgencia, apretando un botón. Hay que conocerlos: cada cual ofrece un diálogo grabado y convencional: una secretaria que pregunta si hay que vender acciones de Cathay Pacific, un socio que avisa que llegó sin novedad a Londres, un concejal pidiendo una cita, una esposa pidiendo un visón, una amante pidiendo un visón. Se los distingue de los contadísimos aparatos verdaderos porque hablan demasiado alto, pero también eso se está corrigiendo. Los más avanzados tienen, incluso, todas las opciones y un selector. Todo el arte está en no equivocarse de botón.

—No, querida, no me dejes justo ahora que estamos por comprarnos el Melcedes.

—Cómprátelo con esa.

—¿Pero cómo puedo explicarte que era todo falso?

No lo parecen, a veces no lo parecen porque no se sienten obligados a sonreírte con la sonrisa mongui mientras te clavan el puñalito justo al lado del esternón, pero deben ser chinos porque ahora, en esta plaza de hormigón armado de quince por quince, tres hombres enseñan a volar y a cantar a un par de pajaritos de colores. Los pajaritos sólo quieren volver a su jaula de madera y el dueño, claramente ofuscado, se encarniza con el verde: lo agarra con una mano y corre, aleteando, como quien predica con el ejemplo. Pero el pájaro también es chino, la mano le parece muy bien y no la abandona. Son chinos: dentro de cinco años, ya no tendrán más chances de abandonar la mano.

El contrato de cesión por un siglo que logró Inglaterra en su edad de oro está por terminar: el 1º de julio de 1997 Hong Kong volverá a jurisdicción china. En realidad, Hong Kong siempre fue, de alguna manera, jurisdicción china.

Hong Kong es, entre otras cosas, el lugar que China inventó para mantener el intercambio con el mundo capitalista. 60.000 millones de dólares de exportaciones chinas pasan todos los años por Hong Kong —que es, además, su principal cliente. Cada año, por ejemplo, Hong Kong importa tres millones de chanchos chinos. Los suelen traer de a uno, o de a pocos, lo cual le quita mucho morbo a la cuestión, pero es sólo una parte menor: la mitad del agua que se bebe en Hong Kong también es republicana y popular, y la electricidad, y todo el resto. China siempre pudo, con sólo cerrar un par de llaves, ahogar a Hong Kong en su propia brillantina. O condenarlo a la cirrosis: el año pasado, en un hospital chino cerca de la fontera con Hong Kong, se descubrió que dos mil ricos de la colonia se habían hecho transplantar riñones de condenados a muerte y presos de perpetua.

Aunque no son sólo los negocios exteriores: en el riñón del sistema, en las grandes oficinas del piso 65 del edificio más alto de la ciudad —el Bank of China—, entre nubes espesas y alfombras como nubes, los banqueros de la hoz y el martillo sostienen la cotización del dólar o hunden unas acciones a golpes de teléfono, en el mejor estilo Wall Street. Se dice, también, que el Bank es el principal propietario de inmuebles en la ciudad.

—No creo que los chinos cambien las reglas. China no necesita otros mil kilómetros cuadrados con seis millones de personas más viviendo como su propia gente. Si convirtieran a Hong Kong en una parte de China como las otras, ¿qué ganarían? ¿Qué cree que quieren los de Pekín: un centro internacional que funcione como fuente de inversiones y experiencia o una ciudad más?

Dice John Chan, secretario de Industria y Comercio de la colonia, en un inglés más Oxford aún que su camisa. Y repite la pregunta.

—Esa es la pregunta: ¿qué cree que quieren los de Pekín?

Los de Pekín lo dicen todo el tiempo: van a instalar un modelo que ya llaman, con su amor por las frases de mármol, "un país, dos sistemas". Es decir, dependencia administrativa pero autonomía económica.

—Nosotros practicamos nuestro socialismo, ustedes practican su capitalismo.

Dijo hace unos meses el secretario general del Partido Comunista chino, Jiang Zemin —y, en realidad, los dos sistemas ya están en marcha en las cinco Zonas Económicas Especiales de las regiones costeras chinas. Entre ellas Shezhen, vecina de Hong Kong, donde los modos capitalistas de producción y la libertad de empresa dan resultados económicos bastante impresionantes, donde los inversores de Hong Kong emplean en sus fábricas a tres millones de chinos. Pero no todo está tan claro y Pekín menos que nada, porque Pekín podría cambiar de política en cualquier momento y quién podría impedírselo.

Para llegar al altar de Wong Tai Sin, el dios de la Fortuna, hay que pasar a través de un centenar de puestitos que venden faroles y colgantes en dorado y rojo y parvas y parvas de barritas de incienso.

—¡Compre! ¡Compre! Si no le regala algo, Wong no le va a regalar nada.

En la economía de mercado las relaciones con los dioses también están muy claras. Metros más allá, frente al altar, los fieles queman sus inciensos a manojos después de sacudirlos a ritmo de calipso mientras se arrodillan y cabecean el suelo con denuedo. Otros le dejan al dios gordinflón y perezoso unas manzanas o un trozo de pato hervido con reverencias cortitas repetidas. Una vieja se pelea a los gritos con su radio portátil, familias se sacan la foto con la brasa del incienso en la mano y el dios los mira con una sonrisa que pretende ser desdeñosa, aunque todos saben que va a tener que trabajar como el mejor si quiere seguir ganándose su incienso o sus manzanas.

Los adivinos, en cambio, cobran en dinero. Hace unos meses, el inventor de la pomada del Tigre les regaló una coqueta galería a la salida del templo donde cada uno tiene un cubículo muy limpito y lleno de figuras y dibujos propiciatorios. Los adivinos usan camisa, corbata y gemelos de latón dorado, y uno me dice que las consultas suelen ser por dinero y salud pero que, últimamente, muchos preguntan cómo les irá en su nuevo país.

—Otros me preguntan cuál debe ser ese nuevo país, adónde irse.

Se calcula que este año unos cien mil fulanos habrán dejado Hong Kong. El ritmo no paró de crecer desde que se firmó el tratado de devolución de la colonia: los cuadros medios, ingenieros, profesionales y otros intentan huir del fantasma del apocalipsis rojo instalándose en Canadá o Australia. Estados Unidos es demasiado selectivo para las visas, e Inglaterra no los reconoce como ciudadanos: ellos también son kelpers.

The Emigrant es un mensuario en inglés y chino que tira 25.000 ejemplares llenos de artículos y avisos sobre agencias de viajes, mudadoras, consejeros en emigración y destinos más o menos insólitos, como Belice, cuyo consulado vendía la nacionalidad por sólo cuatro mil dólares, mucho más barato que Singapur, que pide cien mil.

Chi, colaborador de la revista, dice que él no va a emigrar por ahora, que lo que quiere es tener un pasaporte que lo tranquilice, y que por eso se casó tan raro:

—Fue a fines del '90, como lo veníamos pensando desde hace años. Hicimos toda la ceremonia tradicional, con varios banquetes y mucho cambio de trajes, pero no nos casamos legalmente.

Chi se para, espera mi desconcierto. Debo ser cortés.

—¿Por qué?

—Porque el hermano de mi mujer está en Canadá. Él puede conseguir visa para sus padres, y los padres para su hija soltera. Si estuviera casada, no podrían.

En 1990, por las mismas razones, la tasa de natalidad llegó a su mínimo histórico. Los chinos han conseguido en Hong Kong lo que no logran en su país. Y muchas familias se dividen: la madre y los chicos se van, digamos, a Canadá, para ir acumulando los años necesarios para la residencia, y el padre se queda en Hong Kong, ganando dinero para todos. A ellos les dicen "astronautas", que en cantonés suena muy parecido a "sin la esposa". Ellas, en cambio, tienen una calle en Vancouver que llaman "la calle de las viudas".

La sombra del apocalipsis está por todas partes. El gobierno de su majestad organizó hace tres meses las primeras elecciones de la historia de la colonia, como para sentar un precedente trucho. Aquí todos estaban acostumbrados a dejar que los gobernaran, así nadie ocupaba en tonterías el tiempo precioso de los negocios o el trabajo. Se eligieron dieciséis diputados a un consejo consultivo que tiene otros cuarenta designados a dedo por el gobernador y las grandes corporaciones, y sólo votaron ochocientos mil de los seis millones, pero ahora nadie podrá decir que la administración británica no favoreció la democracia. La canción rockera de más éxito últimamente se llama *1997* y el exilio es un tema constante entre cierta gente: el cincuenta por ciento del personal calificado declaró su voluntad de emigrar antes del día CH. Sólo los más pobres se resignan a quedarse aunque, del otro lado, también las grandes compañías han superado el pánico y siguen invirtiendo: ahora enfrentan, junto con los chinos, un problema mayor: cómo hacer para no quedarse vacíos de cerebros.

 Mientras tanto, en unos campos alambrados al fondo del territorio de Hong Kong, unos sesenta mil vietnamitas escapados de su país en botes y balsas, los "boat people" esperan encerrados durante años un status de refugiado que sólo consigue el diez por ciento. Nueve de cada diez habitantes de Hong Kong dicen que hay que mandarlos de vuelta a su país, y en estos días han empezado a salir los primeros aviones. Por suerte, los ingleses de Inglaterra tienen ideas semejantes: el 65 por ciento está en contra de que se otorgue a los kelpers de Hong Kong la ciudadanía británica y el derecho a residir en la madre patria.

 Pero ahora está cayendo el sol, y hay mucha más gente en la explanada de cemento frente a la bahía y las enormes torres. Un inglés rubio y un chino flaco comen de la misma brochette de pescado mirándose a los ojos. Tres hindúes trenzan y destrenzan sus turbantes de colores pastel con la habilidad de quien no tiene por qué hacerlo. Hordas de japoneses se retratan los unos a los otros y el primero en sacar deslumbra a su rival en el duelo de flashes. Si John Wayne viviera usaría una Kawasaki para llegar a su mesa de dinero en un piso ochenta y cinco y un rickshaw para pasear con su pequeño amante tailandés. Si Hong Kong no existiera sería el mejor cómic del planeta. Los enamorados jovencitos se escapan hasta la punta del paseo y allí se quedan abrazados, casi inmóviles, sin besarse, soñando con la grandeza. Enfrente, la isla de Hong Kong les muestra tantos edificios de millones de luces que nadie nunca podría tener más. Pero eso es lo bueno de ser enamorado, y jovencito, y tener una idea sola.

—Cuando seas mía todas esas lucecitas te van a parecer pocas.

—Cuando sea tuya no me van a importar nada las lucecitas.

—Al contrario, mi vida.

Los enamorados jovencitos no se besan pero se prometen futuros, un futuro, siempre el mismo. Tienen delante todas las luces del mundo. Detrás, a sus espaldas, la China no precisa brillos.

(1992)

Don Miguel o el honor de la deshonra

Ella tiene si acaso veinte años y mucho pelo renegrido que ondea sobre sus hombros para terminar enredando sus rizos en los pezones de sus pechos pesados, orgullosos. Ella se llama Isabel y está acuclillada sobre una palangana rústica, de terracota blanca con flores azules, posada sobre el suelo de mosaicos desparejos y rojos, en la que lava su vientre con pereza, con deleite, con provocación. Isabel lleva una enagua muy amplia, de tela cruda con volados, que ha arremangado casi hasta la cintura para facilitar la operación. Más allá, sobre la cama de madera oscura, donde las sábanas blancas se deshacen en figuras innecesarias, un hombre con edad de abuelo la mira recostado sobre almohadones blancos. Lleva una camisola también blanca, larga, que le cubre el cuerpo flaco hasta las piernas. El cuello de la camisola es de encaje de Flandes y cerraría, si estuviese cerrado, con un cordón de seda negra. La cara del viejo se nota plácida, serena, aunque la barba cana y muy cuidada intente hacerla fiera. No está fumando; nunca podría estar fumando, en esta escena. La voz de ella suena destemplada.

—Don Alonso, me debe diez reales.
—Que tú bien vales veinte, niña mía.
—Yo valgo diez y lo que su gracia quiera darme, pero su tiempo se ha acabado.
—Algún día ya no habré de compartirte con nadie.
—Que hay pa' todos, don Alonso, que hay pa' todos.

Dice ella tanteándose las cachas con una mano sin matices, y da por concluido su lavado. Él se levanta como si todo el imperio le pesara sobre los hombros secos y empieza a enfilarse las calzas negras, el jubón de seda morada, el cinturón con espadín damasquinado. Hace calor, mucho calor, y la ventana del cuarto está de par en par: los últimos colores del atardecer llegan mezclados con olores de pescado frito, cabras en pie y olas de agua servida. Se escuchan pasos de animales, voces de vendedores ambulantes y los ecos de un canto acompañado con palmas y jaleos.

Don Alonso ha terminado de vestirse y se acomoda los pocos pelos blancos; de un bolsillo de terciopelo negro que le cuelga del cinto saca unas monedas y las derrama sobre las sábanas en un gesto que quisiera ser grandioso y es de pena. Isabel, de pie, se aparta los rizos de la cara y se pesa los pechos con las manos, los acuna, mientras mira ostensiblemente hacia otra nada. Hay orgullo en sus manos y en su cara. De un clavo en la pared vacía cuelga un mantón negro de red. Isabel lo atrapa, lo revolea sobre su cabeza y lo deja planear suavemente hasta que cae sobre sus hombros y le cubre los brazos y los pechos. Entonces, con la mirada siempre ajena, se acerca a la puerta del cuarto, abre la puerta, asoma la cabeza:

—Padre, venga, por Dios, que el caballero se retira.

Ha gritado, y en la puerta aparece otro hombre. Que tiene la edad de don Alonso, las calzas negras y raídas, un jubón de color indefinible, la barba ni crecida ni lampiña y el brazo izquierdo que le cuelga inútil a lo largo del cuerpo enjuto y esmirriado. El padre de Isabel de Saavedra ha llegado arrastrando los pies, y ahora hace un gesto a don Alonso para que lo siga por una escalera estrecha y despareja. En su mano útil, la derecha, lleva una vela pequeña que va goteando sebo. Los dos viejos bajan las escaleras sin hablar, tanteando con prudencia cada paso, y sin hablar se despiden en la puerta de calle.

Don Miguel vuelve a subir las escaleras con la vela en la mano y entra con ella en una habitación pequeña y sin ventanas donde la llama alumbra un catre bajo, un arcón tachonado, una mesa de madera despareja y una silla frailera. Sobre la mesa hay papeles, un tintero, plumas. Don Miguel inclina la cabeza sobre una hoja atiborrada de letras manuscritas y tacha una frase, reescribe una frase. Donde decía "...la verdad, cuya madre es la historia, émula del tiempo, depósito de las acciones, testigo de lo pasado, ejemplo y aviso...", don Miguel escribe con cuidado "...la verdad, cuya madre es la historia, émula del tiempo, depósito de las acciones, testigo de lo pasado, ejemplo y aviso..." El matiz resulta leve, casi imperceptible.

Pero el viejo sabe que esta es su última oportunidad. Hace siete años, en una cárcel de Sevilla, preso por deudas, se le presentó la idea de esta novela; durante siete años ha luchado con ella, dejándola, retomándola, aborreciéndola, soportándola. Y ahora está a punto de terminarla. Don Miguel sabe que es la última, que después ya no le quedará ninguna posibilidad de ganar alguna fama y dinero con su pluma, y no puede darse el lujo de perderla. Un editor, don Francisco de Robles, le ha prometido mil quinientos reales por el libro, y algún dinero más si el *Quijote* llega a vender mil ejemplares.

Valladolid, verano de 1604. En la casa resuena otro grito que lo llama, y el viejo se levanta. Esta vez es Costanza, la hija de su hermana.

(1989)

Viajar para contarlo: el temor de que ya no pueda viajar sin la excusa de un relato futuro. Ese relato como amenaza que obliga a una intensidad de la mirada, que me obliga a ver lo que no miraría. Y la sospecha de que cualquier viaje sin esa amenaza sería de una levedad insoportable. Que no tendría sentido.

Problemas de la mirada: si yo fuera americano, por ejemplo, me resultaría más fácil viajar: tendría, en principio, una forma de mirar el mundo. Los americanos tienen sistemas bien rodados, redes de compatriotas que, en cualquier lugar, se encuentran, se cuentan cómo es todo a partir de los mismos presupuestos, las mismas dudas, ignorancias parecidas. Hay películas y guías y novelas americanas que transcurren en todos los lugares posibles: sobre cualquier cosa hay un relato americano. Y, al mismo tiempo, en todas partes ser americano es un dato fuerte, significa algo, condiciona lo mirado.

Incluso si fuese inglés: no hay lugar del mundo que no haya sido ya leído por ingleses, y yo podría mirar el entorno con desmayo, como si mi presencia en esa playa fuera una remake del viaje de un bisabuelo verosímil, forjador del imperio. O francés: no hay lugar del mundo que no haya sido ya supuesto, interpretado por franceses, y yo podría refugiarme en la verbosidad del dieciocho pasada por Sartre o Barthes, y encontrar en cualquier rincón mitos y razones lavilisto.

Pero soy —casi— argentino, y eso significa que no hay formas previstas: que hay que inventar las maneras de la mirada, que hay que mirar solo, sin compañías reales o imaginarias. O con cualquier compañía: armarse todo el tiempo la propia tradición, como un Frankestein aún más imperfecto, como quien siempre empieza cada vez; el ojo patrio.

Bolivia
Los ejércitos de la coca

"—¿Por qué mascaba coca la Virgen María?
—Porque estaba afligida por su hijo Jesús. Porque había perdido a su Jesús de Nazaret, nacido en Jerusalén. Entonces, cuando su hijo creció y ella empezó a perderlo, lloró por él y, en su pena infinita, mascó algunas hojas de ese arbusto. Por eso la coca se volvió un consuelo para todos, por eso la mascamos cuando estamos tristes."

(Campesino peruano de un pueblo cuzqueño, citado por Jaime Malamud-Goti en *Smoke and mirrors: the war on drugs in Bolivia*).

Entré al Chapare acechando el ataque del mosquito asesino. El *Aedes aegypti* sigue ocupándose de que la fiebre amarilla sea epidemia en el valle, y la fiebre amarilla no se cura. Aunque, bien mirado, no estaba muy claro que los zancudos fueran más peligrosos que los hombres. Tenía dos salvoconductos, uno para los líderes campesinos de la zona roja, otro para el coronel a cargo de los Leopardos, pero no sabía cuánto valdrían los papeles en la selva de la coca.

El Chapare es un valle tropical y bajo, muy lluvioso, del tamaño de Tucumán, escondido a 150 kilómetros de la ciudad de Cochabamba, en el centro de Bolivia. Aquí se cosechan cada año unas 150.000 toneladas de hojas de coca, el 40 por ciento de la producción mundial. Por alguna razón, en Bolivia nadie dice "ir al Chapare": el Chapare es un lugar al que se "entra".

Cuando la utopía hippie murió por sobredosis, cuando el espíritu de los tiempos dotó a Wall Street del aura blanca que había sido psicodélica en Woodstock, cuando la velocidad y el éxito se volvieron modelos, cuando Eric Clapton cantó con voz ennegrecida su famoso *Cocaine*, no podían siquiera suponer que estaban cambiando para siempre la vida de miles y miles de inimaginables bolivianos.

A fines de los sesenta, en el Chapare vivían apenas cuarenta o cincuenta mil personas que cultivaban para la subsistencia yuca, arroz, bananas. Desde entonces, otros trescientos mil fueron llegando. Eran campesinos pobres del altiplano, mineros del estaño con socavón cerrado, jornaleros de las tierras bajas de Santa Cruz que se establecieron en el valle para cultivar la planta de los tiempos: el viejo arbusto de la coca.

Ahora la coca ha remplazado al estaño como principal fuente de ingresos de Bolivia. Cada año, la producción cocalera supone unos 1.400 millones de dólares —un cuarto del PBI boliviano—, de los cuales 600 quedan en el país.

Días atrás, en La Paz y con un mínimo de oxígeno, Samuel Doria Medina me lo explicaba y yo dudaba entre escucharlo o desmayarme de una vez por todas:

—Si en Estados Unidos se acabara la cocaína esta noche, mañana habría 20 millones de adictos desesperados, muchas familias contentas y probablemente un aumento de la productividad, pero la incidencia económica no sería importante. En Colombia, la droga tampoco es importante económicamente y genera mucha violencia, así que su desaparición también sería positiva, porque bajaría el caos social. Pero en Bolivia, si se acabase esta noche la droga, mañana habría caído el PBI en un cuarto, las exportaciones se habrían reducido a la mitad, y habría cien mil nuevos desocupados; unas trescientas mil personas sin ingresos y muchas más que dependen, indirectamente, del mercado de la coca.

Samuel Doria Medina anda por los cuarenta, es regordete y barbudo, rubicundo, con gemelos relucientes y anteojos redorados. Su secretaria me sirve un tecito de coca y él se ríe. Doria es lo más parecido a un yuppie que se pueda encontrar a 4.000 metros de altura: estudió economía en Estados Unidos, es presidente de la segunda industria del país —una cementera— y es, además, la eminencia económica del gobierno de Jaime Paz Zamora.

Samuel Doria es el impulsor del programa *Coca por desarrollo*, por el cual los países centrales —y sobre todo Estados Unidos— se comprometieron a invertir en Bolivia lo necesario para sustituir a la coca en la economía nacional. En la versión más optimista, el programa sería la inversa de los espejitos colombinos: a cambio de nada, de dejar de plantar coca, dinero y más dinero. Pero no está tan claro. Cuando Bush y Paz Zamora discutieron el programa en Cartagena, en marzo de 1990, George Bush no parecía muy convencido:

—Yo tengo que explicarle al pueblo americano que vamos a invertir mucho dinero en los campesinos productores de coca. ¿Qué me garantiza que esto va a funcionar?

—El mercado —dijo Paz Zamora—, las leyes del mercado. Nosotros no estamos pidiendo subvenciones, ni tratos preferenciales, sino inversiones de la comunidad internacional para construir circuitos económicos alternativos a la coca que sean productivos, que permitan abandonar la economía de la coca porque otros productos serán tanto o más rentables que ese.

Cuenta Samuel Doria. Pero el mercado no acompaña: no hay cultivo más rentable que la coca, que rinde casi sin cuidados cuatro cosechas anuales y, sobre todo, no hay ningún otro que los compradores vengan a buscar a domicilio, en avionetas que trazan en el cielo los caminos inexistentes del Chapare. En realidad, la inyección económica de la coca es la que creó el colchón necesario para que vaya funcionando el modelo de ajuste liberal en Bolivia. Sobre todo desde que se tomaron medidas, alentadas por el FMI, para que los narcodólares pudieran ingresar legalmente en el circuito económico. Además el dinero civilizado tampoco llega en las cantidades prometidas y, cuando llega, muchas veces se pierde en los vericuetos burocráticos. Por eso aparece, también, la represión:

—Sin represión es muy difícil sustituir el cultivo de la coca —dice el economista. Esto se vio muy claro el año pasado: como consecuencia de la represión a los narcotraficantes colombianos, bajó muchísimo la demanda y, por lo tanto, el precio de la hoja, y muchos campesinos se plegaron al plan de reducción de cultivos y se redujeron las plantaciones en 8.000 hectáreas. Por eso el gobierno no quiere reprimir a los campesinos productores, porque lo único que haría sería subir el precio: hay que reprimir a los narcotraficantes, para que baje el precio de la hoja de coca.

Ahí interviene el famoso Anexo III del tratado americano-boliviano: el que prevé el asesoramiento e intervención de tropas del norte para la represión de la droga, el que justificó la llegada, en marzo pasado, de los boinas verdes que están entrenando en Santa Cruz de la Sierra a los rangers bolivianos, el que puso a las centrales campesinas en pie de guerra. El que aplica, en Bolivia, la ecuación de los tiempos: confuso el enemigo izquierdista, los poderes, que siempre necesitan un fantasma aterrador para justificar su existencia, consolidan como monstruo al narcotráfico. Y atacan, de paso, a sus "aliados objetivos":

—Se nota mucho dinero en algunos dirigentes de los sindicatos campesinos: hay un señor Evo Morales que aparece mucho en la prensa, más de lo que debiera. Yo no sé si está haciendo una carrera política o es que hay narcotráfico de por medio, pero parece claro que hay infiltración de los narcotraficantes en los sindicatos de campesinos cocaleros.

Dice Samuel Doria, con brillo de gemelos, y terminamos el tecito de coca.

La sede central de la Federación Especial de Trabajadores Campesinos del Trópico de Cochabamba, que agrupa a 280 sindicatos cocaleros, es una habitación de cuatro por cuatro en el segundo piso de una casa ruinosa. En el cuartito destartalado hay una vieja máquina de escribir, un teléfono, tres mesitas, una docena de sillas variopintas, un megáfono de antes de la guerra y muchos carteles en las paredes. Junto a una bandera boliviana, el Che Guevara deja flotar sus mechas al viento de la historia; hay posters de encuentros campesinos, un almanaque y un cartel que dice "A 500 años de opresión/ la hoja sagrada/ de coca vive". Después me contarán que también tenían un mapa, grande, del Chapare, pero que lo devolvieron porque no podían pagar las cuotas.

Evo Morales tiene 31 y es de Oruro, en el altiplano. Su padre era papalero con tierras —"harta papa producía"— hasta que una helada le llevó todos los tubérculos. Corría 1973 y el señor Morales vendió su tierra dura y compró un chaco —una parcela— en el Chapare. Cuando Evo terminó el secundario y descubrió que no podría seguir estudiando, su padre le compró otro chaco y empezó a cultivar sus hojas de coca. El cultivo de la coca es legal en Bolivia, porque su consumo es tradicional. Pero de las 160.000 toneladas que se producen por año, apenas 20.000 van al acullico: el resto, al agujero blanco.

—Nosotros producimos nuestra coca, la llevamos a los mercados primarios, la vendemos y ahí termina nuestra responsabilidad —dice Morales—. Sabemos que nuestra coca va al problema ilegal, pero estamos obligados a sobrevivir, y no tenemos otras fuentes —dice y no dice, pero insinúa, que tampoco le importa mucho si los americanos quieren drogarse con ella. Se podría pensar, incluso, que la cocaína es algo así como la venganza de Atahualpa.

—Acá la droga aparece por la pobreza y si queremos acabar con el narcotráfico primero hay que acabar con la pobreza. Pero acabando con la coca acá no van a acabar con la droga en los Estados Unidos: ese es un problema social de ellos, que tienen que arreglar ellos.

Morales habla como un militante, con ese lenguaje un poco cristalizado, trufado de clichés pese al acento de la puna. Morales es alto en una tierra de bajitos, con el pelo crinudo que le inunda los ojos y una sonrisa pícara, un poco socarrona, en la cara aindiada. Morales es el único dirigente rentado de la Federación: los demás pasan dos semanas en funciones y otras dos en el valle, cultivando su coca.

—Nuestra posición es antiimperialista, antiyanqui sobre todo, frente a los abusos de la DEA en el Chapare y a la presión de la deuda externa, que obliga al gobierno a aceptar intervenciones militares. Además, para dar una respuesta política al gobierno, el último congreso de la Confederación Sindical Única de Campesinos, a la que pertenecemos, ha decidido crear un partido, un instrumento político propio de las mayorías nacionales, que somos nosotros.

—Juan de la Cruz Vilca, el líder de la Confederación, habló de la creación de un ejército de los campesinos…

—Nuestros gobiernos siempre se someten a la imposición de un gobierno ajeno, rifan nuestros recursos naturales, aprueban el ingreso de tropas americanas en nuestro país. Antes, con el pretexto de que eran comunistas, atacaban a los mineros inocentes. Ahora, con el pretexto de los narcotraficantes, van a atacar a nuestros campesinos. Nosotros somos el pueblo, pero las Fuerzas Armadas no responden a su pueblo. Entonces, para contrarrestarlos, para que haya poder del pueblo, estamos obligados a pensar en formar nuestro propio ejército, que responda al pueblo y no a intereses ajenos. Y esa es una fuerza que está creándose en las bases.

Dice Evo Morales y alguien le dice que ya es tarde. Son las nueve de la mañana y tiene que salir para La Paz, a 400 kilómetros, para seguir la ronda de negociaciones: la Federación, junto con la Confederación y la Central Obrera Boliviana, han anunciado para el lunes un paro general con bloqueo de caminos en todo el país como protesta contra la militarización de la lucha contra el narcotráfico y la entrada de asesores americanos, y el gobierno los ha llamado a conversar. Para eso les ha mandado un jeep que los llevará hasta La Paz. Pero en el jeep sólo caben cuatro de los cinco que tenían que ir. Néstor Bravo, por el momento, se quedó de a pie, y será él quien me haga el salvoconducto para entrar al Chapare.

Néstor Bravo es bajito y enjuto y tenía 19 años cuando se tuvo que escapar de Bolivia, en 1981, García Meza mediante. Llevaba un plomo en una pierna, recuerdo de una escaramuza, pero no documentos: alguien le hizo pasar la aduana de La Quiaca escondido en un container y le dio plata para llegar hasta Córdoba. De ahí, en 17 días de marcha, se plantó en Buenos Aires. Ahora Bravo es el secretario de actas y me da algunos datos del Chapare mientras José Chile, que es el secretario de Hacienda, llega con su diente solitario bailándole en la boca y entre risas le dice que está salvado, que le ha conseguido 50 bolivianos —15 dólares— para que se pueda tomar el ómnibus a La Paz, a participar de las negociaciones.

A 50 kilómetros de Santa Cruz, en Montero, el regimiento Manchego de los rangers bolivianos ha recibido hace un mes y medio a los 56 asesores norteamericanos. Vinieron como parte del programa de ayuda del Anexo III: 35 millones de dólares —de los cuales 14 para pagar este entrenamiento— y unos mil kilos de municiones y armamento. La entrada del ejército en las operaciones —hasta ahora participaban, en tareas de transporte, la aviación y la marina— se decidió ante la corrupción de la policía y las fuerzas especiales, que arrastró hace tres meses en su caída a los más altos mandos, incluido el ministro del Interior. El general Lanza no cree que esa corrupción sea un problema insoluble:

—En toda guerra hay riesgos —dice— y en esta se puede decir que el enemigo no sólo dispara con armas, sino más bien con dólares, pero el personal sabe que no puede tirar por la borda quince, veinte años de servicios por unos cuantos dólares. Y el ejército boliviano ya ha demostrado que tiene una formación moral muy sólida...

Ya lo ha demostrado. El general Lanza es un hombrecito atildado y correcto, refugiado en una campera de plástico verde y en una gran oficina con computadoras y muchos carteles de prohibido fumar. El general Emilio Lanza es el comandante de la Octava División, de la que dependen los rangers manchegos, y le pido permiso para visitar el famoso cuartel.

—Imagínese, todavía no hemos autorizado a nuestra prensa, así que menos podríamos autorizar a la prensa extranjera. Además, usted sabe que en cuestiones militares la reserva es fundamental. Pero no es por nosotros, es porque los americanos lo han solicitado. Los militares que nos enviaron son del séptimo cuerpo y han estado en Honduras, El Salvador y Panamá, y están acostumbrados a moverse en territorio hostil. Así que viven como si Montero estuviera lleno de narcotraficantes: no se alojan en un hotel, sino que han montado sus tiendas de campaña en el cuartel y casi no salen. Se han puesto bajo nuestra protección. Así que imagínese si apareciera ahí adentro una cámara de fotos. Además le digo: se habla mucho de los instructores americanos, pero en realidad lo que están haciendo con nuestros soldados es practicar de nuevo, con más medios, lo mismo que nosotros les enseñamos.

Entonces llamo por teléfono a la embajada americana en La Paz, para pedirles a ellos el permiso necesario. Me contesta un vocero, muy profesional:

—Los asesores americanos no harán declaraciones. Por otra parte, hay que pedirles permiso a los bolivianos, ellos son los que mandan.

—Es una forma muy diplomática de hablar.

El vocero se ríe. El año pasado, en Washington, el representante demócrata por Nueva York Stephen Solarz lo ponía bastante claro:

"Si misiles balísticos intercontinentales estuvieran siendo disparados sobre ciudades norteamericanas desde Perú y Bolivia, con seguridad nuestro gobierno habría diseñado un plan para liquidar al enemigo. ¿Por qué, entonces, debemos tratar tan débilmente la amenaza planteada por los carteles internacionales de la cocaína?"

Hay respuestas: el negocio de la droga mueve globalmente cada año unos 600.000 millones de dólares, sólo superado por los 800.000 del tráfico de armas y muy por delante de los 250.000 del mercado del petróleo. De esos 600.000 millones, la mitad corresponde a la cocaína; de esa cantidad, lo que queda en manos de colombianos, bolivianos y otros sudacas es menor: la parte del león se la llevan las grandes familias de la mafia norteamericana.

En la radio, entre Julio Iglesias, cuecas bolivianas y algún Rodríguez, un jingle pegadizo insiste en las virtudes de la diosa dorada —una cerveza. El micro, que aquí llaman la flota, está por entrar en la tierra madre de la diosa blanca. Hace un rato que salimos de Cochabamba. El viaje —150 kilómetros— durará apenas ocho horas.

En Bolivia, las flotas están siempre llenas, porque sólo salen cuando ya están llenas. Llenas de cholas con infinitas bolsas que bajan a la ciudad a vender y comprar, campesinos con sombreros de paja y si acaso dos dientes, chicos que circulan por quién sabe qué derrotas y bebés que lloran en silencio. Y todos comen: requesón, maíz inflado, pimientos, papas, yuca, huevos, y con los restos van haciendo en el piso una alfombra de millares de nudos.

La flota huele a todo; junto al chofer, un cartel dice que Jesús dice yo soy el camino, y él corre por las cornisas sinuosas como si el reino de los cielos estuviera asfaltado, con frenos que ya han demostrado su ateísmo. Otro cartel dice prohibido fumar si algún pasajero se opone. A mi lado una chola joven, de vestido amarillo, me cuenta que ha comprado tres muñequitas de trapo, grandes como una banana, a un boliviano cada una, y que las va a vender a uno cincuenta. Cada veinte o treinta kilómetros hay un control policial, de la Unidad Móvil de Patrullaje Rural —UMOPAR, alias "los Leopardos"—: incautan precursores, los materiales necesarios para transformar la hoja de coca en pasta base: kerosén, bicarbonato, ácido sulfúrico, lavandina, fuel-oil, papel higiénico: el Chapare es un territorio liberado de papel higiénico.

En cada control, los pasajeros bajan a descargar el cuerpo al costado del camino y el enjambre de cholas se precipita sobre las flotas ofreciendo comidas y bebidas. La contrabandista de muñecas pregunta el precio de una gaseosa, le dicen un boliviano y se queda callada. Se la compro, y me siento una basura. La muñequera me pregunta si voy a Eterasama.

—Sí.
—¿Sus parientes tiene, ahí?
—No.
—¿Y cómo va ahí, entonces?

En la ladera pelada de la montaña, un cuartel de los Leopardos pintado de camuflaje marrón y verde se destaca como un diamante de plástico sobre el fondo ocre. La flota atraviesa entre nubes alturas de más de cuatro mil metros antes de caer al valle tropical. Ya estamos bajando. La radio recita con faltas de ortografía el obituario de Clarilisa Hurca, quien fuera en vida enfermera retirada. Los bolivianos son pioneros en el arte de bautizar a sus hijos Yasmina Nerea. Un hombre de camisa blanca, sucia, lee una biblia en quechua cuando la flota se para en medio de la selva. Ha habido, un par de kilómetros más adelante, un derrumbe en la carretera y ahora hay cientos de camiones, camionetas y flotas atascadas en el fango rojo de un camino de cornisa bordeado de helechos como tótems y tremendos bananos. Son las tres de la tarde y los agoreros anuncian que no podremos pasar hasta mañana; dos o tres kilómetros de máquinas se amontonan en un infierno de gritos, grasa y patinazos. Un chancho que viajaba en el techo de la flota, harto de la espera, aprovecha la confusión para saltar hacia la libertad. Diez o doce mujeres lo persiguen por el barro y se resbalan y se cubren de la lluvia con inmensas hojas de banano. Su dueña pierde, en la persecución, una chancleta. Cuando lo agarran, los chillidos son estremecedores.

Ahora el camino es de piedras desparejas, hirientes. El camión salta sin piedad, busca otros aires: a los costados hay bananos, cítricos, mucha coca y matojos sin nombre pero con tanto verde, impenetrables. Y hay, sobre todo, un calor húmedo que te hace de los huesos plastilina. Por el camino pasan bicicletas saltarinas, algún camión y cada tanto aparece una casa: son chozas de troncos hechas sobre pilotes. Abajo, sin paredes, el piso sirve como depósito de nada; arriba, con media pared de tablas, la habitación única, sin puertas ni ventanas, donde se acumulan los trastos de la familia, una mesa rústica, algún banco, dos o tres hamacas, si acaso un catre, una escopeta. En la cocina, que está abajo y es un fuego de leña, arroz y alguna yuca y, muy de vez en cuando, un conejo de monte u otro animal de caza. Hay gallinas, cerdos, perros imposibles y el lujo necesario: frente a la choza, un terreno de veinte o treinta metros cuadrados limpios de maleza, para secar la coca. En todo el valle no hay teléfono ni electricidad.

—La gente al verlo a usted ha de decir que viene uno de la DEA. Escóndanse los que están con la merca, ha de decir.

Dice José, el chofer del camión, y me señala a un hombre, en el piso alto de una choza, tratando de retirar una antenita. Son los huoquitoqueros, empleados de los capos del narco, que avisan por una red de walkie-talkies cuando llega algún gringo, algún leopardo.

San Francisco está al cabo del camino, cerca del fin del mundo. Clemente Aguilera es el corregidor de San Francisco, el encargado de administrar la justicia comunal. Clemente Aguilera tiene un bigotito muy cuidado, la camiseta casi eterna y un perro pelón que le lame los pies como si fueran caramelo. Aguilera perdió su chaco cuando su mujer se enfermó y tuvo que pagar remedios y curaciones y el entierro, y ahora es el corregidor porque es un buen albañil y está construyendo la casita municipal. Mientras tanto juzga los delitos menores: las peleas por alcohol o por crac o mujeres, las deudas sempiternas. Las multas que cobra, su única fuente de ingresos, van tres partes para comprar ladrillos y una para su paga.

—Pero no quiero las deudas por droga, yo. Hasta quinientos pesos te ofrecen para que las haga cobrar, pero no quiero, yo, después terminas patas arriba.

Dice, y dice que a la coca no la saca nadies. "El campesino agarra una carga de coca, la lleva a vender y le dan cien, cientocincuenta bolivianos. En cambio por cien naranjas le dan un boliviano. Quince mil naranjas, tendría que vender. No puede cargar el campesino sus mil quinientos kilos de naranjas sobre el lomo, señor, nunca", dice, con lógica serena.

En San Francisco el camino muere en un río, ancho, sin nombre, que impide cualquier paso. Al río llegan canoas a remo hechas de troncos vaciados, cargadas de papaya, yuca, bananas, coca, para mandarlas en camiones a Cochabamba. Pero no es rentable. Junto al río hay montañas de naranjas, que se pudren porque es más caro transportarlas. Por el río bajan también las lanchas a motor hasta las pistas de aterrizaje clandestinas, adentro de la selva y, de tarde en tarde, algún cuerpo sin manos.

Hace veinte años San Francisco no existía, y ahora tiene treinta chozas de madera y un par de cobertizos grandes, sin paredes, que hacen de bares, y uno exhibe un generador que le da luz y alimenta un video. Es mediodía, el sol no tiene madre y en las mesas maltrechas los hombres toman cervezas en silencio bajo carteles oxidados de Paceña o Cocacola, como si el tiempo todavía no hubiese llegado. Hay sombreros, camisetas sucias, gorras con visera rota, ojotas de goma, piolines, cinturones y ojos amenazantes, alguna mano en el machete. Están sentados, esperando la noche.

—En la noche, a cualquiera que lo ven lo ahujerean —dice José.

Por la noche, la selva se anima como por encanto. Es la hora en que los pisacocas empiezan su trabajo: en una hoya de un metro de diámetro, recubierta de plástico, pisan las hojas con sulfúrico y querosén —o ahora, porque es más barato, lavandina y gas-oil— para convertirla en pasta base. Después harán unos bollos que secarán con ingentes cantidades de papel higiénico; esos bollos son los que vienen a buscar los traficantes, también por la noche, en sus avionetas, para refinar el clorhidrato en laboratorios escondidos en la selva amazónica del Beni, en Santa Cruz, en Brasil o en Colombia. Y —se dice—, últimamente, en la Argentina.

Hasta hace dos o tres años, los campesinos se limitaban al cultivo de la hoja. Pero cuando bajó el precio de la coca muchos tuvieron que ponerse a pisar para mantener sus mínimos ingresos. Lo cual los pone fuera de la ley y da letra al gobierno para entrar eventualmente en el Chapare. Por supuesto, casi todos niegan que pisan; de todas formas, la mayor cantidad de pasta la producen los intermediarios, los chakas, que contratan a los campesinos más pobres, sin tierras, para la labor, y les pagan, muchas veces, en "pitillos" —cigarrillos de crac.

He cenado un *taitetú*, un pecarí frito en grasas añejas, y ahora está oscureciendo y hay una luna inmensa y amarilla, sucia, sudorosa, sobre Villa Tunari. El chiringuito es una choza de troncos en medio del verde, con dos mesitas de manteles de hule y en la pared, como en todas todas partes, hay afiches de cerveza Paceña mostrando en tecnicolor las curvas y las tetas de una rubia como nunca se vio en cientos de leguas. Esa mujer es un emblema patrio. Don Jorge, el dueño, es corto y patizambo, viejo de tal vez cincuenta, y parece como si se fuera a desmoronar a cada paso. Embebido en su propia medicina, apenas articula las palabras con que me recomienda su licor de pasta: un líquido espeso, oscuro, servido en un vasito como un dedal, que te explota en el cuerpo con la fuerza de cien grados y el flash de la blanca. Su hijo pisa coca en una fosa disimulada selva adentro, entre los bananos, y él se dedica a esta artesanía.

En la otra mesa, una mujer de once o doce con un short verde y musculosa escasa está sentada sobre la falda de un hombre que no es su padre ni le está inculcando fundamentos de moral cristiana. Ella tiene casi todos sus dientes y la sonrisa estúpida de quien cree que ya sabe jugar todos los juegos. Después, don Jorge me explicará que es muda y muy brava, "brava como la lluvia", dirá, y que no acepta plata. La muda casi no se mueve: ahora es una escultura que el hombre está terminando de amasar. Después, después de un rato, la obra y el creador se van al baile.

En el baile sirven y venden chicha en grandes baldes de plástico chillón y cerveza a tres por cinco. Las luces del galpón cascabelean y también la música, al ritmo de los caprichos del generador: la música, a toda pastilla, son cumbias mezcladas con disco duro, que los más bailan con displicencia, como ausentes, pero sin respiro. La muda se revolea para quedarse con todas las miradas. Alguna chola agita sus trenzas y sus faldas con un rap, sin perder el sombrero, y nadie se da vuelta cuando alguien cae al costado de su banco o vomita o, al fin, brilla un machete en la trifulca sin palabras. Dos o tres me clavan con miradas difíciles, alguien me grita gringo, la muda me sonríe con amenazas más serias que el machete.

A la mañana siguiente, al llegar a Eterasama, me saluda a los gritos un loro viejo, venerable, que masca desganado hojas de coca. El olor a coca ocupa todo el aire: un olor amargo, húmedo, pastoso, como de trópico en blanco y negro. Eterasama está en el centro de lo que llaman la zona roja del Chapare.

A la entrada, en el templo evangelista pintado de celeste, un pastor look Ceferino dice que son los gringos los que han pervertido la santa hoja de coca; a pocos metros, en un arroyo lento, mujeres semidesnudas lavan y se lavan y charlan de sus cosas. Hay basura, calor, perros y chicharrones de chancho que luchan contra el olor a coca. Más adentro, el pueblo es un mercado de casas miserables donde se venden carnes grises, jabones, frutas, verduras, un cachorro de onza y un bebé de tres meses. Un pasacalle anuncia el Gran Festival de Lucha Libre en un pueblo vecino, con cinco titanes cinco a un boliviano por cabeza. En el medio de todo está el mercado de coca.

El mercado primario de coca es un galpón bastante nuevo, de material, techado, que depende de la Federación, donde los campesinos con licencia van a vender sus bolsas. Dos bolsas son una carga —45 kilos—: allí las compran los chakas y la hoja desaparece en el agujero blanco. Con cien kilos de hojas se hacen cuatro de pasta y, después, dos de clorhidrato. Allí, cuentan, van a menudo los Umopares a vender sus rescates.

Para los campesinos, los Umopares son la pesadilla. Más tarde, en un pueblo cercano, uno me contará cómo le entraron en su casa, dos días atrás y, so pretexto de interrogarlo sobre unos traficantes, le pegaron y le robaron el poco dinero que tenía. Y otros, después, contarán historias semejantes. Y lo mismo dirá, en Cochabamba, el padre Federico Aguiló, jesuita y presidente de la APDH local, y alguno me explicará cómo es la "cobertura", que los Leopardos, supuestamente, combinan con los narcos: "Nosotros te avisamos que hacemos un operativo acá, que estamos ocupados, y vos mientras tanto te vas a negociar a otro lado", sería el arreglo, dinero mediante.

A la entrada del cuartel UMOPAR de Chimoré, el lema de la agrupación campea orgulloso: "Sólo merece vivir/ quien por un noble ideal/ está dispuesto a morir", dice, sobre el escudo de dos fusiles cruzados y una calavera con gorrita verde oliva. El cuartel es el más importante del Chapare y es muy grande, rodeado de alambradas altas como dos hombres.

Adentro, los soldaditos de pantalones camuflados y remeras con cabeza de leopardo cuelgan de sus cuerpos retacos cantimploras, una linterna, cargadores, esposas de plástico, un cuchillo, alguna granada y el bruto M-16: son un árbol de Navidad casi completo. En el cuartel hay tres helicópteros Huey sobre plataformas de cemento y una serie de barracas pintadas de blanco; en el canchón, un par de pelotones hace ejercicios a las órdenes de un teniente que les recuerda a los gritos la moral del leopardo.

—¿Cómo es el leopardo?

Grita el oficial.

—¡Violento!

Aúllan a una los felinos. Desde el calabozo de grandes ventanas enrejadas los miran cuatro o cinco prisioneros y algún americano de la DEA cruza el fondo del cuadro, sigiloso. Los de la DEA no quieren dejarse ver pero participan de las operaciones importantes, tienen su propia red de informantes que pagan en dólares y, como dice el padre Aguiló, "no está demostrado que entren en la corrupción y los abusos, pero están siempre ahí, y sería difícil pensar que no se enteran de nada. No deben ser tan tontos".

El UMOPAR es una fuerza especial de la policía, 580 hombres pagados 30 dólares por el gobierno boliviano y 50 por los americanos. El coronel, me dicen, no podrá recibirme porque está descansando tras feroz operativo. Después sabré que, por la mañana, dirigió una incursión de lo más joligudiana contra una fosa de pasta base abandonada, en exclusivo beneficio de un equipo de la televisión americana. Los Leopardos, dicen, también están preocupados por la militarización, que podría arruinarles el estofado. Pasado un rato aparece un oficial y le pregunto por las denuncias de corrupción y malos tratos.

—Son todas argucias de los narcotraficantes —dirá el oficial, y no habrá más palabras.

En un pueblo vecino, de cuyo nombre no debo acordarme, el día anterior siete u ocho campesinos me contaban historias. Al llegar a la pequeña choza del sindicato el dirigente me preguntó si estaba autorizado por la Federación; cuando le mostré el salvoconducto mandó a un chico a traer agua con limón, a otro a buscar a sus compañeros, y después empezaron a hablar, con sus voces tan quedas:

—Nosotros como campesinos nos dedicamos a la coquita, que es lo que nos da vida. Otros no hay. Y si hay cosas ilícitas nada tenemos que comprometernos en ellas. Todos sabemos que en Bolivia están los narcotraficantes. Pero nosotros no vamos a ir preguntando cómo se llama ese señor o qué es su misión o dónde va y hace su comercio. Trabajando para mantener a las familias, nos preocupamos, nosotros.

El cuarto es minúsculo, con el techo muy bajo: en las paredes de madera han clavado a Bolívar, a Sucre y a tetas de cerveza. Sobre la mesa despareja, un crucifijo y una vela.

—Yo no quiero irme del Chapare. Porque acá tengo mi coquita, mi yuquita, y voy sobreviviendo, y en la ciudad si no tengo dinero, difícil que esté viviendo. Más fregado, solamente, estaría.

Llegan chicos, entran, gritan algo. Pasa alguna mujer pero se va enseguida.

—Acá, en los políticos, los campesinos ya no confiamos: siempre nos hacen promesas tras promesas, vienen a hacer sus campañas y llegan a ser gobiernos y a la final no cumplen: así es su costumbre de ellos, son unos ricachos, pues, qué quiere.

Dos o tres campesinos llevan la camiseta celeste de su equipo de fútbol. Cada pueblo —cada sindicato— construye sus propios servicios, arregla sus propios caminos; en cada pueblo, lo primero que hacen es la escuela y la canchita.

—Inquietos estamos de escuchar que los militares entrarán. Ya le decían los compañeros que los Umopares nos pegan y nos pegan, o nos roban, y entonces yo digo qué nos harán los del ejército, que son más militares.

Los campesinos están preparándose para salir, esa tarde, hacia la ciudad, para el bloqueo. Ese domingo, en el Chapare, camiones y camiones de campesinos empiezan a marchar hacia Cochabamba. Allí, una asamblea deberá decidir qué pasa con el bloqueo, que estaba previsto para el lunes. Entretanto, en La Paz, los dirigentes campesinos han conseguido del gobierno la promesa de que el ejército no entrará en las zonas campesinas y de agilizar los planes de desarrollo, y proponen postergar la movilización un mes, a ver qué pasa. El lunes, en Cochabamba, una manifestación de tres o cuatro mil campesinos recorrerá la ciudad tranquila, provinciana.

En Cochabamba las casas son bajas y secretas, se repliegan sobre sí mismas con el pudor mezclado de indios y españoles; en las calles no hay algarabía, los árboles despliegan medios tonos y es difícil pensar cualquier variante de la épica. Todo allí es moderado, cuidadoso, y la manifestación es una columna larga y estrecha, varias cuadras de campesinos muy pegaditos los unos a los otros, como si temieran, que marcha bajo el sol de la tarde despacio y en silencio hasta que el grito de un voceador los interpela:

—¡Que viva la Central Obrera Boliviana!
—¡Que viva!
—¡Que se mueran los yanquis americanizadores!
—¡Que se mueran!
—¡Que viva la revolución campesina!
—¡Que viva!
—¡Que viva la coca!

Los campesinos no corean los cantitos que propone el del megáfono. "Si no se van/ si no se van/ les irá como en Vietnam", "Fusil, metralla/ el pueblo no se calla". A la cabeza, un pelotón nutrido de cholas multicolores lleva una bandera verde y roja con la hoja de coca a modo de blasón. Después, en la plaza central, entre palmeras y recovas, Evo Morales les hablará con su verba encendida. Un periodista me dirá que es como un minué, un juego cuyas reglas ya se conocen: los campesinos agitan un poco y les dan algo. Si no se movieran nadie les haría caso. Entonces amenazan con huelgas y bloqueos, vienen los ministros, negocian y ya. Hasta unos meses más tarde, cuando se hace claro que no van a cumplir los acuerdos y todo vuelve a empezar. Una vez, otra vez: ya llevan siglos.

(1991)

SADERMAN
MEMORIAS DEL OJO

Anatole Saderman tiene el pelo blanco y largo, ojos oscuros, modales de caballero ruso con un tinte mosaico y una sonrisa que tal vez se parezca a la de Klaus Kinski sin locura. Anatole Saderman tuvo, entre otras muchas, la ocurrencia de cumplir quince años en Moscú y en 1918.

Por aquel entonces, Moscú debía ser una gran aldea de casas un poco grises bajo las cúpulas de esmeraldas falsas y oro verdadero, una ciudad entre asiática y europea sacudida al compás de los gritos de los comités socialdemócratas y bolcheviques que prometían a los gritos el mejor de los futuros posibles. En febrero del '17 la Santa Madre Rusia perdía su halo y los chicos jugaban en la nieve con cintas rojas en las solapas de sus casacones negros. En febrero del '18 los últimos coletazos de la Gran Guerra y las primeras escaramuzas entre el Ejército Rojo y los cosacos blancos empezaban a dejar a la ciudad sin alimentos ni combustibles de quemar. Fue entonces cuando la familia Saderman decidió pasar el invierno en climas más benignos.

Hasta entonces, las cosas habían ido viento en popa para los Saderman. Los abuelos —ambos— eran judíos de poca bolsa que se ganaron el derecho de residir en Moscú sirviendo veinticinco años en los ejércitos del zar: normalmente, los hijos de Sión debían limitarse a la zona meridional de las Rusias, pero tras un cuarto de siglo de milicia se los consideraba suficientemente asimilados como para elegir residencia, exceptuando desde luego ciertas zonas clave —Petersburgo, Sebastopol, Vladivostok— donde los hebreos, potenciales traidores y regicidas, habrían estado demasiado cerca de la tentación de pasar al acto.

El padre Saderman empezó sus labores moscovitas como dependiente de comercio; una alianza feliz —toda familia que se precie ostenta su tío rico— lo elevó a la administración de florecientes industrias textiles. Además, hombre de su tiempo, incursionó con éxito en la explotación de varias salas cinematográficas. Tal es el cuadro: burguesía rampante y preocupada de cultura, familia con institutriz alemana de pechos opulentos, palco en el Bolshoi y abono en el Teatro de Arte de Stanislavski. Los hombres toman el aperitivo con vodka y almuerzan con coñac francés en un salón con luz eléctrica mientras se preocupan por los abusos de los Romanoff, siguen los lentos movimientos de la guerra de posiciones en el frente del Dniéper y hablan de mujeres sin que se les note. Las mujeres ya no tejen y comentan la moda de París, la última locura de Isadora Duncan y los amoríos de la vecina bebiendo un advokaat mientras los niños rondan con bulla mesurada, desean a sus primas y aprenden el violín, el piano y dos o tres idiomas. En casa de los Saderman ya no se habla el yiddish; lo usa, si acaso, el padre cuando quiere dirigirse a su señora sin incurrir en los oídos atentos de la shikse.

Así que al más pequeño de los varones nunca lo llamaron Neftalí, como constaba en las actas del Templo, sino Anatolyi. No por mucho tiempo: ya le tocaría llamarse Anatole —en alemán— o Anatolio, como la meseta.

Los Saderman no tenían conflictos francos con los bolcheviques, pero una cosa es la política y muy otra el frío, sobre todo en Moscú, por lo cual el invierno del '18 los vio encasquetarse los gorros de piel de foca sobre el solideo imaginario y partir. Con contactos y una bolsa consecuente ni siquiera en el Moscú de los albores de la Nueva Rusia era imposible conseguir unos papeles debidamente sellados con hoces y martillos y CCCP: ya volverían en cuanto la situación se normalizara. Por el momento, se trataba de no quemar los muebles Luis XIV en las chimeneas del salón.

El tren de Moscú los dejó en Minsk, la capital de Bielorrusia; después de pocos meses otro tren y a Vilna, en Lituania. Allí los alcanzó el avance del Ejército Rojo, comandado por un intelectual de espejuelos redondos, barbita rala y revólver al cinto que moriría en los tristes trópicos. Entonces todos parecían inmortales, pero miles y miles caían como moscas; los Saderman pasaron a Lodz, la ciudad polaca de las fábricas de algodón y la música en cada esquina. Anatolyi cambiaba clases de inglés por un rato de conversación en ruso con una vieja dama británica que en sus años mozos había fugado de su cottage del Middlesex con un príncipe peterburgués y a quien los azares de la vida habían depositado en Polonia. También daba alguna clase de violín, lo justo para ganarse los marcos de la entrada a paraíso gallinero en el teatro. Pero el mundo estaba muy revuelto en ese año del Señor de 1920, las milicias polacas se preparaban para enfrentar el avance del bolchevismo y sus oficiales hablaban ruso para que no los entendiera la tropa, el bajo pueblo de Polonia.

El mundo estaba muy revuelto y Lodz ya no ofrecía posibilidades de sosiego para una familia de émigrés rusos judíos y emprendedores. (Mucho después, en 1937 y en Lisboa, un judío que ha huido de más países que los que puede recordar entra en una agencia de viajes:

—Quiero un pasaje.
—Perfectamente, señor. ¿Para dónde?
—¿Dónde podría ser?
—Señor, usted dirá.
—No sé, dígame dónde podría ser.

—Bueno, señor, aquí hay un mapamundi: elija usted mismo.

—¿Y eso es todo?)

Pero faltan años todavía para que tal suceda, o no suceda, y los Saderman se instalan en Berlín en el año 1921. Habían llegado "robando frontera", algunos en un tren bajo soborno, Anatolyi y su hermano en la carlinga descubierta de un engendro volador de cuatro plazas que la guerra había perdonado por desinterés. La ciudad estaba en plena efervescencia política y cultural, aumentada por doscientos mil emigrantes rusos entre los cuales Vladimir Nabokov era sólo uno. Por unos miles de marcos que todavía no era necesario llevar en carretilla se podía ver el Berliner Ensamble que dirigía el dramaturgo izquierdizante Bertolt Brecht en algún reducto cerca de Alexanderplatz. Por muchos menos se podía tomar una cerveza untuosa con tres o cuatro chiflados que aburrían a todo el mundo contando vaguedades sobre un socialismo nacional. Gratis, cualquiera podía pararse en una esquina y ver pasar la mejor colección de mancos, cojos y tullidos en harapos diseñados por los adalides del expresionismo.

En Berlín, Anatolyi retomó el bachillerato, porque había que recuperar los años trashumantes. El Colegio Ruso de Berlín resumía las dos grandes corrientes de la educación de la madre patria: los estudios clásicos y los estudios realistas. Así que Anatolyi tuvo que asimilar tanta matemática como latín y griego mientras hacía poemas con su condiscípula Olga Nabokov y se enamorisqueaba aquí y allá, como sus dieciocho años requerían. El padre intentaba reinstalar sus fábricas textiles y en un principio todo funcionó, hasta que llegó la República de Weimar. Un dólar se cotizaba 2.400 millones de marcos, y cuentan que los salarios obreros se pagaban diariamente para mantener su poder adquisitivo de un kilo de pan y un pedazo de leber-wurst.

A todo esto, Anatolyi eligió por descarte la facultad de Filología —y estudió búlgaro o eslavo litúrgico arcaico, entre otras lenguas. Para aportar su óbolo a la economía familiar, daba clases de ruso a los alemanes y de alemán a los rusos, y pintaba con brocha gorda los cartelones de un cine de barrio, íconos zafios de varios metros cuadrados. En aquel tiempo los programas de los cines variaban dos veces por semana, e incluían dos películas principales en cada función, a más de la miscelánea: había muchos carteles por pintar. Más al sur, en Baviera, un loco pequeñito de bigotes a lo Hitler vomitaba arengas wagnerianas y los señores bienpensantes de Berlín se reían por lo bajo de sus exabruptos; el problema, en realidad, era la crisis económica, la desocupación, el avance de los rojos. El hermano mayor de Anatolyi se enteró de que en el Paraguay, en algún lugar de Sudamérica, el gobierno regalaba tierras a los inmigrantes de buena voluntad, justo en el momento en que su novia del alma acababa de escaparse con otro. Así que se juntó con dos de sus primos y un ex oficial del ejército zarista y buscaron el país de marras en el mapa y un barco que los llevara hasta ese despropósito.

La desconfianza de los europeos con respecto a la oferta pronto quedó convertida en desesperación, porque el gobierno paraguayo cumplió su promesa y les entregó una superficie considerable en pleno Chaco guaraní: hectáreas y hectáreas de selva enmarañadamente virgen. A los pocos meses de machetear bejucos, el hermano aprovechó una distracción de sus adláteres para huir de tanta virginidad. Así consiguió hacer una penosa entrada en Asunción, con el cuerpo lleno de llagas y sin hablar palabra de español.

Pero allí sí le sonrió Fortuna: trabó relaciones comerciales y, al tiempo, los Saderman en Berlín recibieron una de esas cartas que tardaban tres o cuatro meses en cruzar el océano y remitían: "Fulano de Tal – Asunción – América del Sud", asegurando que allí hasta los judíos más ignorantes hacían fortunas. La familia lió los petates una vez más: el padre Saderman, dispuesto a hacer la América, reunió sus últimos dineros para comprar máquinas textiles y llevarlas al Paraguay: eran ingenios modernos y eficientes para la fabricación de pulóveres, género que el guaraní jamás ha apreciado en su justo punto.

Y como las historias no son lineales, reaparece aquí un profesor de ética del colegio de Anatolyi. El hombre había sabido ser, en sus tiempos, agregado cultural a la legación imperial en Montevideo y, mientras se ajustaba el monóculo, solía contar a sus alumnos maravillas de la Suiza de América, de ese remanso de paz y riqueza en un mundo descarriado. Anatolyi tenía 22 años y demasiado orgullo como para seguir dependiendo de los dudosos ingresos familiares, así que decidió cambiar un par de sílabas de su destino y desviarse al Uruguay. Uno de sus conocidos berlineses, director de un diario de la comunidad rusa, le pidió que mandara artículos sobre tan lejanos confines y, a más, le encargó también fotografías. El joven nunca las había hecho, pero se compró una cámara y aprendió en el barco y de su padre, buen aficionado, los rudimentos de la técnica. En el barco también aprendió, gracias a un curso alemán por fascículos que se llamaba "Mil palabras", las primeras letras castellanas que, poco después, le permitirían leer *La Guerra y la Paz* en la lengua de Cervantes.

Anatolyi desembarcó en el puerto de San Felipe de Montevideo en julio de 1926, con el bolsillo lleno de tres dólares, su cámara cajón de buena óptica germana, dos cajas de libros necesarios y tres trajes inútiles. En tal puerto vagaban negros y mulatos, orilleros de chambergo, busconas idealmente francesas y un par de carros de caballos que desviaban a los recién llegados hacia el Hotel de Inmigrantes. Allí lo aposentaron y, aunque quizá no se diera cuenta entonces, lo suyo era algo bastante parecido a la libertad: no tenía oficio ni beneficio, carecía de amigos, no conocía el idioma. Pero Montana dijo, antes que Sartre, que la libertad es algo que sólo existe en potencia, nunca en acto: la única libertad es la de perderla.

Anatolyi, desinteresado de estas cuestiones, vagaba por las calles de la Ciudad Vieja, se preocupaba por su futuro y hacía fotos. Alguna vez, un grupo de obreros le pidió que les robara la imagen para poder existir un día improbable ante sus nietos, y se ganó unos centavos. Otro día inmortalizó a un despachante de aduanas junto a un coche y el funcionario, agradecido, le dio la dirección de una señorita que también pretendía hacerse eterna. La casa era de tolerancia y la aparición quién sabe cuán majestuosa de la colipoterra ligera de ropaje le produjo tal nerviosidad que rompió el trípode de su aparato. Otra vez se encontró en un parque con dos compatriotas, que lo condujeron hasta el presidente de un núcleo de emigrados rusos que lo conectó con un químico industrial tan moscovita como él, que estaba casado con una actriz robusta y rubicunda y paliaba las estrecheces del momento mediante el ejercicio de la fotografía. El conciudadano lo tomó como aprendiz con poca paga y lo invitaba de cuando en cuando a compartir su té, cosa que Anatolyi aceptaba, y su almuerzo, que rechazaba con orgullo de hambriento.

Al conseguir trabajo tuvo que abandonar el Hotel de Inmigrantes, y la misma cadena asociativa del destierro lo dirigió hasta la casa de unos judíos rusos que le alquilaron, por seis pesos mensuales, un altillo en vías de extinción. El desván daba al patio interior donde los compatriotas cocinaban, y los alardes aromáticos consecuentes eran de mucho dolor para Anatolyi, que nunca consiguió ser invitado a descender al patio apetecido.

Pero las buhardillas se han hecho para pasar hambre, y así siguieron las cosas. En la calle se rumoreaban tangos, y mucha gente defendía a un cantor gordito porque era uruguayo y eso bastaba para que los argentinos dijeran que Corsini era mucho mejor. Anatolyi todavía no opinaba. Un día de los que se paseaba por el puerto con su cámara al hombro, se le acercó un señor, seguramente de chambergo, y le dio una cita para la mañana siguiente, a las ocho, allí mismo. El español de Anatolyi era vago.

—Venite mañana a las ocho.
—¿Para qué?
—¡Para sacar fotos, amigo, para qué va a ser!

"Ese fue el día que le voy a contar", me dice, porque esa fue la excusa de toda la charla, que me cuente un día, que elija por alguna razón indefinible un día de su vida y me lo cuente. "El día de mi descubrimiento de América. A las ocho de la mañana estuve allí, preparado, con mi máquina y el material necesario, excitado porque era uno de mis primeros trabajos. Era un día de setiembre del '26, principio de la primavera. Había varios camiones, de esos descubiertos, chatas enormes y llenas de gente. Entonces me hacen subir a uno de los camiones: éramos muchísimos, como cien personas, y empezó el viaje. Un viaje no muy largo: una hora, hora y media. Finalmente llegamos a un lugar donde había un campito alambrado y una casita. Ahí bajamos todos: era, no sé con qué motivo, un asado criollo.

"Yo, en esa época, me mantenía a fuerza de mandarinas, que estaban muy baratas, y pan. Y a veces caía, como quien no quiere la cosa, en la casa del fotógrafo moscovita a la hora del té: eran mis verdaderas comidas. Él me invitaba a comer, pero yo me negaba siempre porque hay un orgullo del pobre, orgullo del hambriento. Entonces, después de este régimen de mandarinas y pan, uno ve de pronto lo que no cree posible. Lo que significa el espectáculo de un asado criollo para un muchacho que lo ve tras haber pasado la Primera Guerra Mundial, la Revolución Rusa, la crisis alemana y todas las escaseces que eso significa, es realmente un descubrimiento.

"Lo primero que vi, al llegar al lugar, fueron tres canastos inmensos con pan, pan francés. Y después algo raro, una cosa como una cama... no cama, sino los elásticos de una cama camera, o dos, con fuego por debajo... eran las achuras. Y después no sé cuántas medias reses en cruz, a la brasa. Y yo me decía «esto no existe, estoy soñando, esto no puede ser». Y vi que había también una casita y fui para ahí. Era un solo cuarto, con una gran plancha de cocina económica, y había una media res colgando de una ganchera. Y un tipo se acercó con un cuchillo, cortó un pedazo de carne, lo tiró sobre la plancha y se lo hizo vuelta y vuelta. Me corté yo también un cacho, me corté otro, me corté tres cachos. La gente me miraba, se debía preguntar qué le pasa a este hambriento. Así que cuando llegó el momento y todos se sentaron a comer, en unas mesas largas, yo ya estaba pipón y empecé a sacar fotos.

"¿Qué más le puedo decir de ese día? Había que verlo con los ojos de un europeo hambriento para apreciarlo. Para mí era el descubrimiento de una abundancia que en Europa no existió nunca, era mi descubrimiento de América", dice, y le pregunto si esa América correspondía con su sueño de lo que América debía ser y Saderman contesta que no, que ni por asomo. "No, no me lo había imaginado", dice. "Si alguien me lo hubiera contado en Europa, yo habría dicho bueno, es una fantasía, es el cuento de un mitómano, historias del barón de Münchhausen, como se dice en Alemania para hablar de mentiras, de fanfarronadas. Es como leer los libros de García Márquez. Uno dice: es alto vuelo de fantasía... ¡Y son libros absolutamente realistas!"

Saderman se radicó en Macondo. Después del empacho pasó algún tiempo en Asunción del Paraguay, en Pilar, en Formosa. Hacia el '29, ya como fotógrafo, recaló en Buenos Aires. Ya pasaron 54 años. Hoy es uno de los fotógrafos más respetados de este país, ha traducido a Gogol y a Dostoievski, ha comido más de un asado. La noche en que me lo contó bebimos vodka helada con limón, cada copa un gran trago y brindamos en ruso, en francés, en hebreo, en castellano. Anatolio Saderman tiene el pelo largo y blanco, ojos oscuros, maneras de caballero ruso con un tinte mosaico, y una sonrisa que borra los años, y deja su memoria.

(1983)

Junto con otras complicaciones: el comandante de un jumbo británico que dice que estamos volando sobre Samarcanda. Es medianoche pero no se sabe dónde, las horas están cambiando demasiado rápido, ahí abajo probablemente sean las cuatro de la mañana y me parece que esto es, también, el viaje actual: ver a través de las ventanillas siempre confusas de un avión unas luces como tantas luces, en una noche de discreta luna, y saber, por ejemplo, que eso fue Samarcanda. El viaje virtual.

Muchas veces, en cuartos de hotel donde la CNN hablaba de lo mismo, me ataca la sospecha de que el viaje actual es una forma chasco del conocimiento, propio del planeta TV. Transportarse hasta un lugar casi virtual, y recorrerlo a través de un circuito cuidadosamente acotado: pensaba en un cuento de Bradbury acerca de una compañía que organizaba viajes al pasado. Unos viajeros quisieron visitar el período terciario; los llevaron, a condición de que no mataran ningún animal o planta, de que no interactuaran con el mundo: les pusieron una especie de tapiz metálico suspendido a medio metro sobre el suelo, y por allí caminaban. Les habían explicado que cualquier intervención podía resultar fatal. Uno pisó, sin querer, una mariposa: cuando volvieron al siglo veinte, toda la evolución de las especies había sido transformada por ese accidente, y el mundo era otro. El cuento es, finalmente, optimista. Los viajeros actuales suelen saber que ni siquiera pisando cambiaría nada y, de todas formas, muy pocos quieren salirse del tapiz suspendido. Hay países donde el tapiz lo imponen con fuerza las autoridades, para evitar quién sabe qué fantasmas; en otros, los más, el tapiz es un efecto de miedos y resquemores mutuos entre visitantes y visitados. El viaje excluye, casi con certeza, el riesgo de los cruces. El viaje, cualquier viaje es, en el mejor de los casos, la excusa de un relato: a los lectores, a los clientes, a los amigos de la familia. Lo que importa es verse —allí— para creer, mirar para confirmar dos o tres ideas previas, estar para haber estado, para hacer propia una postal. Un viaje postal: enviar el propio cuerpo, estampillarlo, matasellarlo y esperar la respuesta a vuelta de correo.

Aunque el supuesto contrario tampoco termina de convencerme. ¿Habría que pretender el objetivo —imposible— de entender, de desvelar lo otro? ¿O pensar que es mejor no intentarlo siquiera, leerlo como extrañeza, como distancia, para que siga manteniendo su condición de existencia, para que no se corra el riesgo de que deje de ser otro?

Dejarse envolver por lo incomprensible, perderse en la absoluta miopía: el placer de intuir que así es uno, a su vez, para los otros.

Moscú
La ruleta rusa

La canción se hizo muy popular en aquellos días de octubre, cuando el mundo estaba a punto de ser como en algunos himnos. Las banderas rojas tremolaban al viento de la historia y la canción decía que "nuestro tren vuela hacia el mañana,/ la parada está en el comunismo./ No habrá otro camino,/ nuestros fusiles nos respaldan". Después, setenta años después, la canción viró en chiste.

Resulta que cuando los soviéticos se pusieron a construir el famoso tren, las vías no alcanzaban para llegar al mañana. Entonces Lenin convocó a todos los camaradas y los llamó en un vibrante discurso a trabajar con entusiasmo revolucionario, pero las vías siguieron sin alcanzar. Después vino Stalin que, al ver que el tren no avanzaba suficiente, hizo fusilar al maquinista, al jefe de estación, a su primo segundo y a todos los pasajeros, y los puso de durmientes. No funcionó. Entonces vino Jruschov, que dijo que había que avanzar un poco el tren, sacar las vías de atrás, ponerlas adelante y moverlo otro poco, pero no resultó. Después Brezhnev decidió que la solución era tapar las ventanillas y que todos se metieran en los vagones y gritaran chucuchú-chucuchú. Y, finalmente, llegó Gorbachov y todos se bajaron del tren y empezaron a gritar: "No hay vías, no hay vías".

Entonces, una vez fuera de los vagones, trescientos millones de soviéticos entrevieron que el mundo era ancho y ajeno, y se lanzaron al descubrimiento. El tren, con los vidrios rotos y los baños malolientes, yace en una vía muerta. Y, mientras tanto, los que gritaban se han dispersado en todas las direcciones, y el pacto se ha roto. Durante varias décadas la mayoría de los soviéticos resignó su autonomía y se sometió a un poder absolutamente centralizado a cambio de ciertas seguridades: comida, vivienda, servicios. Ahora, este modelo ha volado en pedazos, y ningún otro lo remplaza, todavía.

Seis de las quince repúblicas han declarado su autonomía y ya no cumplen con las leyes del gobierno central: no se sabe qué legislación está vigente. Las repúblicas dejan de pagar sus impuestos, y ya no mandan a las demás sus cuotas de alimentos y materias primas. Una de ellas, Georgia, declaró hace tres semanas su independencia y, como cerró su territorio a los transportes soviéticos, hay 100.000 toneladas de comida que se pudren en trenes y camiones mientras la población pasa hambre. Allí mismo, las milicias independentistas luchan contra las tropas del Ministerio del Interior por el control de la pequeña república de Osetia del Sur. La producción de petróleo y el comercio exterior bajaron el año pasado en un tercio. El 2 de abril los alimentos aumentaron un 300 por ciento, y los salarios un 100 por ciento. Los mineros del carbón llevan más de dos meses de huelga y dicen que sólo la levantarán cuando renuncie Gorbachov. Hay otros paros, por todo el territorio, y el 26 de abril se convocó la primera huelga general de la historia soviética. En algunas repúblicas ni el 10 por ciento de los reclutas se presenta a filas, y el jefe de la KGB, Vladimir Kriushkov, ha dicho públicamente que "debemos estar preparados para aceptar un derramamiento de sangre si queremos hablar de poner orden en el país". En 1990 nació la mitad de niños que en 1989. Gorbachov, a todo esto, cuelga del pincel. Lo dijo, por ejemplo, *Konsomolskaya Pravda*, el diario de la juventud comunista: "Los conservadores más retrógrados y los neoestalinistas se han unido con la extrema izquierda para librarse lo antes posible del presidente. Gorbachov es una pieza sobrante en el tablero de la política soviética".

En la Unión Soviética, ahora, todo funciona como en un espejo: las puertas se abren hacia afuera, las canillas están invertidas, en los parques de diversiones hay montañas americanas, los comunistas son la derecha, los liberales son la extrema izquierda.

Al llegar a Moscú cualquiera podría pensar que está en la ciudad más fea del mundo. La primera imagen es de terror: es como si millones de ladrillos muy realistas y muy socialistas avanzaran pesadamente sobre el viajero, cantando una marcha patriótica con la seguridad de quien sabe que nada podrá detenerlo. Son enormes moles grises, tristes, resignadas a una lenta decadencia, que nadan en un mar de polvo que se te pega a los zapatos como un perro sin dueño. Son inmensas avenidas sin pasos para peatones, llenas de coches que te buscan la cintura a cien por hora y camiones verdes que se pasean vacíos en todo momento, por todos los rincones. Avenidas donde algún chico limpia parabrisas a cambio de unos copecs, aventurándose en la libre empresa, y donde la vida parece ser el escaso tiempo libre necesario para llegar del trabajo a una cola, y a otra cola.

Después, cuando uno empiece a descubrir ciertos encantos, quizá sea tarde para revisar alguna hipótesis. Porque uno podría haber pensado en otra forma de la estética, pensado por ejemplo en la famosa frase de Lenin, "la ética será la estética del futuro", y que sólo un poder que sostiene que la belleza está en la moral, en el espíritu, puede resignarse a hacer tan fea la materia. Tan fea y tan pretendidamente eterna: tan moribunda todo el tiempo.

Es abril y hace frío. En una de esas avenidas de pesadilla paro un coche. No es fácil: aquí los taxis oficiales siempre siguen de largo, pero muchos particulares hacen de taxis espontáneos, paran, negocian la tarifa. Es una de las tantas formas silvestres de la economía de mercado. Mi conductor tiene más de 60 años, es inválido de guerra y se llama Piotr. Piotr me ofrece una papirosa, uno de esos cigarrillos soviéticos que ostentan, al final de un largo filtro de cartón, algunas briznas de tabaco. Estos, los más populares, se llaman *Belomor Kanal* —Canal del mar Blanco. El Canal fue la gran obra en la que trabajaron y murieron millones de prisioneros de Stalin: como si los alemanes fumaran Büchenwald king size o nosotros Esma rubios con filtro. Pero a Piotr no parece preocuparle y me cuenta con orgullo que él estuvo en la gran guerra patria y se acuerda, sobre todo, de aquella madrugada de nieve y bruma en que se adelantó demasiado y, volviendo a sus posiciones, se cruzó con un alemán que también corría a las suyas. Y cuenta que, en la carrera, los dos se miraron y prefirieron no matarse. Desde entonces, dice, él sabe que el hombre es bueno: lo sabe, dice, pase lo que pase.

—Yo sé que cometimos muchos errores, pero el mayor fue actuar como si el hombre fuera intrínsecamente bueno, como si existiera un hombre ideal, perfecto, utópico.

Dice Vodimir Natorf, con cara de yo no fui. Natorf fue el último secretario del Comité Central del Partido Comunista polaco antes de la disolución y ahora —dice— ya no es nadie. Es, quizá, mientras bebe más vodka con limón y brinda "por las hermosas damas", uno de aquellos hombres que llegaron a los sesenta creyendo que estaban sentados sobre el trono más firme para descubrir, de pronto, que sus posaderas volaban por los aires y que, aun ahora, no terminan de saber qué fue lo que pasó.

En el restorán suena muy fuerte una música asiática, porque en los restoranes rusos todos beben y bailan. Aquí los danzarines son, dice el animador, nuestros amigos de Uzbekistán, vestidos como mafiosos de Chicago con camisas oscuras, corbatas blancas y zapatos brillantes. En el restorán, bajo las luces de colores que iluminan apenas, hay muchas mesas separadas por mamparas, hombres que comen con las gorras puestas y una mesita, en un rincón, a la que están sentadas todas las camareras, de delantal rojo, charla que te charla. Cuando, después de una hora, una trae algo de comer, se disculpa por los cuchillos:

—No tenemos cuchillos, no nos dan. Parece que hubo problemas con la producción.

Hay comensales que han traído sus propios cuchillos, aunque no sirvan para mucho. El plato, donde se mezclan papas, cebollas, carne rancia y salsa blanca pastosa, está quemado, pero a nadie se le ocurre quejarse. En la mesa de al lado un hombre bebe melancólico su champaña ruso hasta que dos policías se lo llevan con muy pocas palabras. El baile sigue, a golpes de sintetizador, pero los de Chicago bailan como por compromiso, sin fervores. Es un salón inmenso sin sonrisas, triste, agobiante. En la pared, junto a las camareras, un retrato de Lenin mira la escena con el ceño fruncido.

En Erevan, la capital de Armenia, el sábado pasado hubo una jornada de trabajo voluntario: festivos, los armenios limpiaron su ciudad, plantaron 30.000 árboles y después, por la tarde, se reunieron en la plaza central para asistir a la partida del monumento a Lenin. Con sumo cuidado, el prócer fue colocado en un trailer y conducido hasta el jardín del museo de Bellas Artes, junto a Pedro el Grande, Catalina II y todos los demás. En Budapest un gran Lenin de bronce fue vendido a una firma americana por un millón de dólares; en Polonia otra estatua ciclópea fue cambiada por treinta camiones japoneses. El museo Lenin, en la plaza Roja, sigue siendo más grande que su vecino, el museo de historia soviética, pero ya no hay colas frente a su mausoleo. A su lado, sobre la muralla del Kremlin, los dioses menores lo escoltan bajo lápidas de mármol. Allí, en su olimpo privado, las momias de la revolución no se mezclan con nadie. No hay muertos previos al '17: la revolución inauguró el tiempo en que los muertos son dignos de guardar. Pero ya nadie los visita. Las colas de tres o cuatro cuadras se organizan, ahora, delante del McDonald's.

El gran cartel McDo también es rojo y amarillo. A su lado un fotógrafo de plaza ha instalado un enorme muñeco del pato Donald y los padres de provincias traen a sus hijos a fotografiarse junto a los héroes de Occidente. El McDonald's es igual que todos los McDonald's, las hamburguesas y las papas saben igual que en cualquier esquina del Bronx: la empresa cría sus propias vacas, hace su pan y cosecha sus verduras, para no depender de los avatares del aprovisionamiento soviético. En el mostrador, enjambres de veinteañeros uniformados te reciben con sonrisa odol y te agradecen por tu compra.

Misha tiene veinte y los ojos muy azules. Está lavando el piso con un trapo como quien cumple el sueño de su vida:

—Acá trabajamos muy alegres, porque tenemos que trabajar bien, y a todos les importa lo que hace el otro. Y, además, somos todos de la misma edad y nos entendemos. Los viejos no pueden entendernos: aquí hay dos países, el de ellos y el nuestro. Nosotros somos los que hemos descubierto que además de la hoz y el martillo existen muchas otras cosas. Nosotros somos como los jóvenes de América, de la Argentina: ellos no entienden.

Dice Misha, que significa osito, y mira a su alrededor, como quien me demuestra. Irina es un poco mayor y es instructora, y dice que está feliz de poder trabajar en un equipo donde hay reglas, donde se sabe lo que cada uno tiene que hacer, y que está mucho mejor que cuando trabajaba como ingeniera electromecánica y se pasaba las tardes tomando té y mirando por la ventana y, además, cobra tres veces más que los 250 rublos de entonces. Cuando cumplía, como casi toda la población, con el célebre axioma: "Nosotros hacemos como que trabajamos y ustedes hacen como que nos pagan". Ahora, Irina se entusiasma, y le brilla la cara de muñecota rusa y se imagina por un momento el día en que toda la URSS será como un McDonald's y ahí está, en el clímax de su utopía, cuando llega el manager. Camisa de manga corta, el pelo bien cortado, el manager no exhibe su nombre pero dice que también era ingeniero y no pierde la sonrisa cuando nos interrumpe en mal inglés y dice que los disculpemos pero que Irina tiene mucho trabajo y hay que dejarla trabajar.

El McDonald's de Moscú se ha plantado, estos últimos meses, como la vanguardia de una nueva forma de hacer, del capitalismo en acto. Y es curioso: muchas de sus características tienen que ver con modelos del socialismo. La producción en serie y unificada, los estímulos morales y el principio de emulación para los empleados, la evaluación de cada uno en reuniones de todos. Pero funciona, y se muestra con sonrisas y suelos como espejos.

El McDonald's es parte de la nueva utopía, que Anatoly Sobchok, alcalde de Leningrado y prohombre yeltsinista definió hace unos meses con precisión obscena: "La sociedad soviética ya no necesita acerías heroicas ni centrales hidroeléctricas ni la majestuosa desviación de los grandes ríos. La gente necesita caminar por la avenida Kalinina de Moscú o la Nevsky de Leningrado y advertir que han abierto un negocio norteamericano de ropa deportiva, que un negocio italiano vende pulóveres y otro francés ofrece vino y quesos. Estas serían las señales tangibles de que el cambio real está en marcha".

Tatiana Ivanovna no va al McDonald's casi nunca. Tatiana tiene 26, es licenciada en letras y después de su divorcio volvió a vivir a casa de sus padres. Los soviéticos se divorcian mucho. El 50 por ciento de las mujeres tiene formación universitaria, mucho más que los hombres. Y hay quien sostiene que esa es la causa de muchas rupturas: la mujer que ya no soporta la burricie del tonto de su marido. Porque los hombres prefieren profesiones más rentables: en Moscú, un obrero especializado gana el doble que un profesor o un médico. El 70 por ciento de los médicos son mujeres, pero no hay casi ninguna en los altos cargos del país y, además, esto no las ayuda a vivir mejor: el método anticonceptivo por excelencia es el aborto, con ocho millones de casos al año.

Tatiana, en cualquier caso, es una privilegiada: descendiente de la nobleza menor que supo reconvertirse al liberalismo, su abuelo fue decano de una facultad y, desde entonces, su familia conserva un departamento con cuarto de servicio en la faraónica Ciudad Universitaria que construyó Stalin a fines de los cuarenta. Hasta principios de los sesenta tenían, además de la habitación, una mucama. Ahora tienen 90 metros cuadrados para ocho personas, y un living lleno de bibelots, algún ícono de los viejos tiempos, mucha porcelana, efigies de Lenin pintadas tipo pop y dos televisores a punto del colapso. El padre de Tatiana es un científico de renombre que gana 500 rublos por mes y no consigue una lamparita para su escritorio. Ella, cuando hace de intérprete para algún periodista extranjero, puede ganar cuatro veces esa cifra en un día de trabajo, porque cobra en dólares.

Tatiana está muy informada, ha leído, ha viajado mucho, y un día se extraña ante una estrella de sheriff y pregunta qué es eso. Tatiana, a veces, añora los buenos viejos tiempos en que el mundo era una cocina caldeada de palabras.

"Como las casas son tan chicas, y no hay lugar, siempre nos reuníamos en las cocinas. Antes de la perestroika, la situación estaba perfectamente estancada: no se podía viajar ni hacer política ni ganar dinero y en las cocinas se creaban maravillosos mundos utópicos donde hablábamos horas y horas con un poco de té y nos sentíamos los defensores de la libertad, de la cultura, de la palabra. Era como el *Decamerón*, la fiesta en medio de la peste. Entonces la cultura era para quien se la ganaba a pulso: si habías leído a Pasternak era porque un amigo te lo había pasado con mucho secreto, si conocías la obra de algún pintor era porque te habían llevado a su taller, porque no había exposiciones. Yo sé que lo de ahora es mucho mejor, pero a veces tengo una pequeña nostalgia de todo aquello. Y para mucha gente de aquella época, la posibilidad de actuar es una desgracia, la confrontación con la realidad que te pierde. Desde el '85 al '88, en los años de euforia de la perestroika, no tenías tiempo para la nostalgia, estabas maravillado por la fuerza de los hechos. Pero entonces no te fijabas tanto en la política actual, sino que te dedicabas a recuperar el pasado, a rearmar tu historia. Y ahora, cuando lo actual es cada vez peor... Ahora los amigos ya no se reúnen tanto: o tienen algo que hacer o, en muchos casos, se han ido: últimamente, casi todos mis amigos emigraron, o están pensando en emigrar", dice Tatiana, riéndose de su propia melancolía.

La emigración parece ser el objetivo de más y más rusos. Si hay cada vez menos misiles apuntando a Europa, ahora la amenaza son los emigrantes: hay cálculos que dicen que, si se abrieran totalmente las fronteras, en cinco años pasarían a Europa unos treinta millones de soviéticos. Esa amenaza, dicen, contribuye para que las instituciones europeas sean generosas con sus ayudas y créditos: nada les resultaría más duro que esa posible catarata migratoria.

Hay, incluso, indicios de que el tradicional antisemitismo ruso se ha transformado en envidia: los judíos son los que, por ahora, tienen mayores posibilidades de emigrar, a Israel o a Estados Unidos. Pero no sólo los judíos.

La señora Olga Fiodorovna tiene las carnes más ostentosas del barrio, y tiene muchas. Hace treinta años debió provocar escalofríos entre los jerarcas del deshielo, pero ahora está sentada, abundosa, en el salón art-déco de su departamento de seis ambientes en el centro de Moscú, y me ofrece té. La señora Olga tiene los labios como una naturaleza muerta y la ropa más cara al norte del mar Negro y dice que los negocios van viento en popa pero que tiene que cambiar su fichero por un ordenador. Desde hace tres años la señora Olga consigue jovencitas rusas de buena presencia que se quieran casar con gerontes italianos, y emigrar para servirles de fieles almohadones. El tráfico funciona: en el último año, la señora colocó a 438 compatriotas, a mil dólares por cabeza.

"Y tengo más candidatas que las que puedo atender, porque yo sólo acepto lo mejor", dice, meneando las alhajas para ajustarse el talle tremebundo; "aunque las chicas rusas son muy solicitadas porque son bonitas y sumisas y muy ardientes, y no le hacen ascos al trabajo", dice, vendedora, y me muestra unas fotos.

—¿Y no le preocupa lo que hace?

—¿Por qué? Este es un negocio como debe ser. Las dos partes se quedan muy satisfechas, piensan que han ganado con la operación. ¿Qué más se puede pedir?

Por las calles tristonas de Moscú circulan cuerpos macizos, criados a fuerza de azúcares e hidratos de carbono. Debe ser la primera ciudad del mundo en consumo de rouge: casi todas las mujeres llevan los labios muy pintados, y todos sin excepción llevan un bolso, un bolsito, una cartera. Se llama *avoska* —"porsiacasera"— porque ningún moscovita se perdonaría si se topara de pronto con el pescado de sus sueños o la chuleta tan deseada o aquel champú, y no tuviera en qué pasearlos el resto del día. En las calles de Moscú, en los puestos de libros, un best seller absoluto: Agatha Christie. En otros puestos venden cigarrillos americanos con ingenuidad de mercado: un paquete 25 rublos, un cigarrillo 1,25. En medio de los olores fuertes, rancios, de sudor y decadencia, mucho Poisson falso fabricado en Turquía. Alguien busca, por las calles de Moscú, signos de la disolución, como si el apocalipsis fuera un espectáculo que empieza cuando usted llega.

Yuri Chekochijin cree que el apocalipsis ya ha empezado. Chekochijin es un periodista muy conocido de la *Literaturnaya Gazeta* y está dando una charla en una escuela de teatro. Dice que los jóvenes de ahora no pueden siquiera pensar que antes la vida era distinta, que leer a Solyenitsin era un riesgo y que por eso, porque no sabrán conocer otra cosa, la situación no tiene vuelta atrás, pero sólo los profesores de la escuela han ido a escucharlo. El periodista es bajito y enérgico y fue diputado hasta que renunció, hace unos meses, para protestar contra las componendas politiqueras. "El caos", dice, "ya ha empezado. Ahora puede pasar cualquier cosa: puede haber una huelga general, un golpe militar, una guerra civil. La fecha es el 12 de junio, las elecciones para presidente de Rusia. Si el gobierno de Pavlov y Gorbachov sobrevive hasta junio, quiere decir que podrán seguir adelante; si ellos no sobreviven, nada sobrevivirá", dice. "Pero lo más peligroso en este momento es que aparezca un hombre que diga «yo sé lo que hay que hacer»."

Boris Yeltsin quiere ser ese hombre. Líder de Rusia Democrática, la coalición de partidos liberales —"izquierdistas"—, y presidente de la Federación Rusa, tiene el apoyo de más de la mitad de la población de Rusia —180 millones de habitantes. Muchos lo acusan de ser un populista demagogo y suponen que el ejercicio del poder acabará pronto con él. Pero para las elecciones todavía falta. Por ahora la situación se resume en una suerte de equilibrio imposible entre un hombre que tiene cada vez menos aparato y menos apoyo popular —Gorbachov— y otro que sólo tiene su popularidad —Yeltsin—: un equilibrio que crea cierta inmovilidad y, por supuesto, la tentación de deshacerla a golpes. Y, en la base de todo, la famosa economía de mercado.

—Hasta hace pocos meses, ni siquiera me atrevía a sacar a la calle el Mercedes.

Dice Guerman Sterligov, con una risa que quiere ser lozana. Sterligov tiene 24 años y es, desde hace 15 días, el presidente del Club de Jóvenes Millonarios de Rusia, que se define como "un lobby de gente con gusto por lo chic y lo snob", y dice que el capitalismo es la única solución para la crisis y la pobreza generalizada. Sterligov tiene una cara ancha de ruso de película de espionaje y su traje muy british no termina de pegar con su corbata colorinche. En su club las condiciones de admisión son simples: hay que tener menos de 35 años y más de un millón de rublos, y haber demostrado "aptitudes para ganar dinero legalmente, tomar decisiones, arriesgar". La furia de la empresa ha prendido en Rusia y, dicen, cuando dos amigos se juntan ya quieren formar una cooperativa para producir algo. Como aquellos que se asociaron para fabricar en su casa esa pieza que se le rompía a todas las radios, y se hicieron ricos en seis meses. O como aquellos que formaron una empresa mixta para exportar chatarra a Europa occidental y ganaron millones hasta que se descubrió que la supuesta chatarra eran tanques de guerra.

Guerman Sterligov saca un paquete de Dunhill y un Dupont en mal estado y mira a su alrededor como si quisiera confirmar que su aspecto acuerda con la decoración de aeropuerto del World Trade Center de Moscú. Casi con desgano sacude una pelusa que le desluce el casimir y su anillo de oro destella satisfacción cuando dice que "durante muchos años la palabra «millonario» fue un insulto, un sinónimo de ladrón o bandido, pero nosotros creemos que la persona que ha triunfado en los negocios debe estar orgullosa".

—¿Y cuáles son sus negocios?

—Bueno, eso ya se lo explicaré la próxima vez.

Mientras tanto, el mismo día, en Leningrado, una "Unión de Combatientes Internacionalistas", integrada por veteranos de Afganistán, tiró una granada en el bar de un hotel de turistas e hirió a cuatro personas. En su comunicado la organización declaró que su objetivo era "la lucha contra el capitalismo en la URSS".

Mientras tanto, todos los días, en todas partes, se forman colas donde la otra gente sigue protestando por el desabastecimiento y los aumentos. En Rusia, ahora, las desigualdades económicas son extremas: quienes viven de los 200/500 rublos de su sueldo tienen que comprar todo en las tiendas oficiales, donde no hay nada. Allí los tomates costarían tres rublos pero no hay tomates, y la carne siete u ocho pero es incomible. Los otros, los que siguen en la nomenklatura o trabajan en alguna *joint venture* o han montado una cooperativa que funciona, pagan cuarenta rublos el kilo de tomates en el mercado koljoziano. Y así todo: un taxi cuesta setenta veces más que un colectivo, los cigarrillos importados mil veces más que los nacionales más baratos.

En los mercados koljozianos los productores agrarios pueden vender lo que producen en pequeñas parcelas al margen de la tierra colectiva. Ahora el 1 por ciento de la tierra rusa produce el 29 por ciento de las frutas y verduras: hace dos meses se ha anunciado que empieza la privatización de todas las tierras, aunque todavía no haya pasado nada. Pero ya casi nadie intenta defender la economía planificada.

En un desayuno del hotel, John Gardner, un americano alto y regordete que vende equipos de computación para administración de stocks, no puede entender a sus clientes:

—Ayer estuve en una fábrica de pantalones y el encargado, que es nuevo, me contaba que, el año pasado, recibieron la orden de fabricar cien mil pantalones. Eso decía la cuota: ni uno más, ni uno menos. Pero como les mandaron demasiada tela, fabricaron los cien mil pantalones talle 56, enormes, imposibles. Claro, así cumplieron la cuota y usaron toda la materia prima. Desde el punto de vista del plan, el cumplimiento fue perfecto.

Es la economía del derroche: hay que producir tal tonelaje de máquinas de escribir, entonces las máquinas de escribir pesan cuatro veces lo normal. Y de la desidia: se calcula que todos los años se pierden, por mal almacenamiento y falta de transporte, 40.000 toneladas de grano, la misma cantidad que la URSS tiene que importar para cubrir sus necesidades. De la irresponsabilidad: en vez de suponer que todo es de todos, la experiencia se ocupó de demostrar que nada es de casi nadie y, entonces, a nadie le importa casi nada.

A la entrada del gran mercado koljoziano Rilski hay una larguísima fila doble de mujeres. Los parroquianos pasan apretujándose entre ellas y miran su mercadería: un perfume, dos desodorantes, unas camisas lavilisto, un par de zapatos, dos muñecas de plástico vestidas de novia, una docena de medias de nylon, una bombacha con los colores de la bandera americana y una leyenda que dice *Marilyn for you*. Las mujeres se quedan horas y horas, con paciencia incaica: cuando venden su producto, si acaso, compran unas verduras frescas y, muy de tarde en tarde, un pedazo de carne. En los puestos de fruta ofrecen caviar robado y, dicen, no es difícil conseguir una pistola o una ametralladora. El mercado Rilski es territorio de la mafia de los caucasianos. En Moscú, dicen, todas las cooperativas —restoranes, talleres, clínicas, lo que sea— tienen que pagar protección a algún racket; las que no pagan tienen problemas, amenazas, accidentes.

Los rackets siempre controlaron, también, el cambio negro. Hace cinco días el cambio oficial ha terminado con su testarudez de setenta años y se ha adaptado a valores más realistas: puede ser la catástrofe de los primeros empresarios autónomos soviéticos, los tradicionales cambistas. Ahora, en el hall de cualquier hotel, cien dólares se transforman legalmente en una masa infinita de 270 billetes de 10 rublos: hace tres meses, para golpear la economía subterránea, el gobierno sacó de circulación los billetes de 50 y 100 rublos. Querían liquidar la acumulación clandestina dentro y fuera de la URSS. Lo anunciaron en el *Vrenia*, el noticiero de las nueve de la noche: la medida entraría en vigor a las doce. Los billetes serían cambiados en los bancos, pero había que justificar su procedencia. Muchos jubilados, creyendo que perdían los ahorros de una vida, murieron de ataques al corazón. Cuentan que, esa noche, la imaginación casi toma el poder. En el Correo Central había largas colas de quienes se mandaban a sí mismos giros que podrían cobrar en billetes válidos. En Aeroflot mareas humanas trataban de comprar pasajes a Vladivostok para devolverlos después y recuperar el dinero. Y muchos, en todas partes, se emborrachaban a morir con los billetes que ya no valdrían nada el día siguiente. Los rackets, por supuesto, encontraron subterfugios más sofisticados. Pero cuentan que, de todas formas, miles de millones de rublos quedaron convertidos en souvenirs de la Rusia soviética.

Al fondo del mercado, en platos que son pedazos de papel, unos puestos sirven guisos de arroz, pequeñas brochettes, grandes empanadas. Pero lo que atrae discretas multitudes es el juego: alrededor de una mesita portátil hombres se amontonan para apostar a una ruleta de plástico o a la lotería de cartones. Los hombres gritan y discuten; la banca, a veces, parece al borde de la puñalada. Junto a ellos, un viejo mal afeitado grita que él peleó en la guerra patria y su hijo murió en Afganistán y que ahora cobra una pensión de seis botellas de vodka: tiene el abrigo roto, sucio, lleno de medallas.

En las calles de Moscú hay muchos viejos con sus condecoraciones en el pecho y sus caras de pasmo. Sólo me parecieron felices una tarde de domingo, en un claro del bosque de Ismailovo, entre abedules, donde alguien había instalado una pista de baile con un altoparlante que pasaba música de los cuarenta —y ellos la bailaban. Eran hombres y mujeres, sobre todo mujeres muy pintadas, muy teñidas, muy gordas y muy rosas, con la sonrisa de que algo siguiera siendo como debe ser, o sea: como antes. Pero habitualmente se los ve tristes en las colas, en el metro, refunfuñando por lo bajo. Salvo algunos de estos viejos, que caminan con la mirada extraviada, como si algo se les hubiera perdido y no supieran ni siquiera qué, la gente en la calle es unánime en hablar mal del gobierno y de su sistema.

—Este es el país donde más se ha desarrollado el anticomunismo.

Dice Victor Bondarchuk, sonriendo bajo sus lentes de ejecutivo alemán que ha triunfado en la vida. Dice que probablemente no haya otro país tan anticomunista, y eso sólo resulta curioso si se tiene en cuenta que Bondarchuk es el secretario de organización del Partido Comunista ruso. Cualquier conversación, al azar de la calle, confirmaría que el partido, por una vez, ha hecho un análisis irrebatible, pero eso no lo ayudará a recuperar a los dos millones de militantes que se dieron de baja el año pasado.

Dostoievski contó alguna vez la historia de una desdichada dama inglesa que casó con un noble ruso y arruinado. A su muerte le preguntaron qué haría con las cenizas de su marido y la dama, estirada, británica, ni siquiera sonrió cuando dijo que las pondría en un reloj de arena:

—Ya que en vida no sirvió para nada, al menos que trabaje después de muerto.

En Rusia las cenizas de la revolución trabajan como un obrero modelo de la brigada de Stajanov: todo es culpa de la difunta, nada es aceptable si no se opone a ella con fervor. Vladimir Bukowski, aquel disidente que en 1976 fue canjeado por Luis Corvalán, el dirigente comunista chileno, lo define de otra manera.

—En realidad, ser anticomunista ya no significa nada en la Unión Soviética. Anticomunista es todo el mundo, es sólo una base común para empezar a hablar, a buscar definiciones.

Bukowski acaba de volver a Moscú después de quince años y dice que se siente victorioso y desesperado, porque está a punto de ver la concreción de los objetivos de toda su vida pero se encuentra con que la gente es demasiado pasiva y los políticos pierden demasiado tiempo en parlamentarismos.

—Esto no se va a definir en el parlamento —dice Bukowski— sino en la calle, con huelgas y movilizaciones. Y los dirigentes van a a tener que seguirlas como puedan.

Todos opinan algo: nadie sabe. Puede que haya o no elecciones, pero nadie duda de que con o sin ellas, con o sin golpe, el paso a la economía de mercado y la liberalización es sólo cuestión de tiempo. "Quien sea que tenga el poder no podrá solucionar la terrible crisis económica sin pasar a la economía de mercado", dice Bukowski, y lo dicen casi todos. El secretario Bondarchuk, sin embargo, intenta una advertencia:

—Acá todos se creen que si nos hacemos capitalistas vamos a ser una potencia occidental, una especie de Alemania con la bomba atómica. Están completamente equivocados: la Rusia capitalista se va a parecer más a África que a Francia.

Nadie quiere escucharlo; muchos prefieren pensar que setenta años van a desaparecer de un solo golpe: como si —casi— nada hubiera sucedido. Sueñan con una vuelta a los diecisiete, con un país que eliminara de pronto toda huella del siglo. Lo sueña Konstantin Samarin, un cuarentón de barba renegrida y modales grandilocuentes que preside la reciente Sociedad de Nobles Rusos, que se reúne en una iglesia cercana al Kremlin para recuperar los títulos de los antiguos feudos y para organizar veladas benéficas donde las hijas de la nomenklatura enriquecida buscan un duque que las corteje con aquella elegancia y las damas y caballeros hablan de los buenos tiempos entre príncipes y condes, *comme il faut.*

Lo sueña Mijail Nikolaievich, un viejo muy digno con su chapa de la Asociación de Víctimas de Stalin en la solapa, que me paseó por el cementerio de Novodevichi para mostrarme las tumbas de los grandes poetas, de los grandes cantantes, y hablarme de aquella maravillosa tarde de la primavera de 1911 en que la condesa Tolstoi le besó la frente y en que, me dice, fue feliz. Y que dice, después, que ya el pueblo ruso no iba a la tumba de Lenin porque ahora iba al encuentro de Dios.

—Porque los rusos somos muy religiosos. Cuando yo estaba deportado en Siberia, recé mucho, mucho, y eso me salvó.

Dice Mijail Nicolaievich con su sonrisa clara que no se inmutará cuando, poco después, pasemos frente a las tumbas de la familia de Stalin. Le preguntaré por el odio acumulado y él me hablará del tiempo pasado y del espírtu ruso.

—El espíritu ruso es grande y generoso —dirá, y desviará la mirada—. El espíritu ruso sabe perdonar.

Habrá que verlo. Por ahora es sólo sábado a la noche. Son más de las once y ni un alma en la calle. No hay nada que hacer, aunque Tatiana Ivanovna sostenga que Moscú es como una ciudad fantasma en la que, detrás de cualquier fachada en ruinas, bajo cualquier alcantarilla, se esconden los antros lujuriosos donde disfrutan ellos: la discoteca hipermoderna o el casino fastuoso. Algo así como si la vieja paranoia de quien ha vivido siempre vigilado hubiera cambiado de signo, se hubiese invertido. En cualquier caso, nada a la vista. En el hall del hotel, entre los ceniceros y el cartel de no fumar, sobre los sillones de cuerina color caqui, un par de señoras de regreso de otras guerras ofrecen sus servicios con la boca pintada de bandera soviética y medias negras con algún rasguñón. En la tele dan un show con bailarinas de lentejuelas y cantantes ventripotentes; en la radio suena un vals cantado por un bajo ruso y de pronto, alguien anuncia a un comentarista: "El posmodernismo lo abarca casi todo, incluso el realismo, esa corriente atea y filosófica. En este sentido, se lo puede considerar como una reacción a la concepción primitiva de la razón, a la ciencia primitiva, e incluso a la democracia primitivamente comprendida. El posmodernismo es una reacción saludable, que nos enseñará a vivir en democracia", dice el comentarista, y después sigue el vals.

P.D.: Pero la historia, por desgracia, no terminó ahí. Esa noche, la penúltima noche, alguien entró en mi habitación mientras dormía. Alguien que tenía la llave, que pudo abrir la puerta y llevarse mi pasaje, mis documentos, mi dinero. Alguien que dejó, a cambio, un viejo lápiz de labios. Al principio no entendí la gentileza. Después, sí: cuando los policías del hotel me dijeron, sonriendo, que yo era el culpable, porque me había llevado una mujer a mi habitación. Ahora todos se ríen: yo soy el tarado que se quiso beneficiar a una local y lo pagó muy caro. Robar es fácil: mostrar a la víctima como culpable exige mucha más elaboración. Pero también los ladrones aprendieron los viejos trucos estalinistas de descalificación. Por suerte, la crónica ya estaba casi escrita: mi odio no intervino en ella. Esa tarde tenía la última entrevista, con el secretario Bondarchuk. Al final de la charla le conté la historia, y el hombre se exaltó: "Vamos a acabar con esa mierda de gente". Le pregunté cómo y se sonrió, y dijo: "Hay muchas formas". Después volví al hotel, porque la policía me tenía que tomar declaración. El oficial no hablaba más que ruso. Empezó a buscar a alguien que tradujera, pero todos los empleados del hotel internacional se negaban, aducían ignorancia. Al final, el pobre policía se deprimió mucho y se sentó en un sillón con la cabeza hundida entre las manos. Después de un rato me aburrí de compadecerlo, y lo dejé.

(1991)

Fouché o el arte de la permanencia

Era tan claramente el *jour de gloire*. Entonces, cuando levantó la mano para decir que sí y hubo muchas más manos y su voz se unió después al clamor de voces de hombres que se vivaban a sí mismos porque acababan de decidir la ejecución del rey de Francia, pensó que aquel momento era uno de esos episodios terminantes, una de esas guirnaldas con que la Historia corona sus anhelos, uno de esos días en que un hombre puede imaginar que ya ha cumplido su destino. Sin embargo, el suyo no hacía más que empezar.

Joseph Fouché tenía la cara larga y angosta como un pecado solitario y había nacido en Nantes, Bretaña, en el año de gracia de 1754. En algún punto de una juventud sin sobresaltos lo habían ordenado sacerdote de la congregación del Oratorio, y enseñaba las ciencias naturales a los niños nanteses con el optimismo y la cautela de aquellos años ilustrados.

—Padre, padre, ¿es cierto que la Tierra gira alrededor del Sol?

—Si Nuestro Señor así lo permite...

—¿Y si no lo permite?

—También, gracias a Dios.

Cuando Francia decidió que sería revolucionaria o no sería el padre Fouché tenía 35 años y fue elegido diputado a la Asamblea Constituyente. En aquel París revuelto por los descamisados conoció al imperioso Robespierre y se puso de su parte, y a una señora que sabía cómo menear sus partes con imperio y le hizo apartar el recato y los hábitos sagrados. En esos días de épica profana dejar de lado cualquier vestidura clerical resultaba un abandono de lo más conveniente. El culto de la revolución necesitaba sus propios sacerdotes.

En 1793, cuando la cabeza de Luis Capeto ya había rodado por el empedrado, Francia se había convertido en res pública y la revolución era tan débil que decidió hacerse demasiado fuerte, Fouché fue enviado por Robespierre a restablecer con el Terror la obediencia de su provincia bretona. Se empezó a hablar de él cuando hizo pintar, chandleriano, un cartel a la entrada del cementerio de su villa que decía que "la muerte es un sueño eterno" y se encargó de proveer, para probar su tesis, durmientes a carradas. Pero poco después husmeó el cambio de vientos: Robespierre también empezaba a oler a muerto y, cuando la cabeza del Incorruptible rodó como tantas otras en aquellas tardes de gloria y alosanfán, Fouché ya se codeaba con sus más encarnizados enemigos. Fue entonces cuando la agudeza de su olfato empezó a hacerse proverbial.

Fouché tenía tres o cuatro convicciones sólidas: era un buen esposo y padre de familia, detestaba con fanatismo los excesos y prefería de todo corazón el carré de cerdo al faisán y otras aves pasajeras. Además, creía firmemente que en política lo importante es estar ahí y que, si la revolución había sido derrotada, era mejor "seguir en carrera" —decía— para tratar de salvar algunos de sus principios que hundirse con aparente dignidad en el naufragio. El resto le era casi indiferente: durante los veinte años siguientes sería ministro de Policía de todos los gobiernos de Francia, sin distinción de ideas ni estandartes.

El Directorio perseguía a los revolucionarios, y Fouché era su jefe de Policía. Napaleón derribaba al Directorio y se consagraba Emperador, y Fouché era su jefe de Policía. Luis XVIII desterraba a Bonaparte y reimplantaba la monarquía borbona, y Fouché policiaba, siempre, como prenda de continuidad y de concordia. Se preparaba para ser un símbolo de la Francia eterna pero, mientras tanto, Joseph Fouché era un buen policía en tiempos en que un policía tenía que ser un buen político, un servidor eficiente de cualquier poder, un hombre como ya quisieran tener nuestras corporaciones. Y, para más gozo, tenía el alma buena de un niño incircunciso.

—Contra ese señor hay una orden de arresto por crímenes horribles.

—Pero usted podría anularla.

—¿Yo?

—Usted, y estos cien mil francos en monedas de oro.

—Tiene usted razón. La Patria lo reclama. Y además, todos saben que no soporto ver enjaulada ni a una vinchuca renga.

Fouché prefería la prevención al castigo, la inteligencia a la violencia y organizó un sistema de espionaje y control propio de una democracia avanzada; se decía en aquellos tiempos que en cuanto un francés se resfriaba, el ministro sentía el picor del estornudo. Es cierto que alguna vez, entre un cambio y otro de gobierno, tuvo que soportar una destitución, meses de cárcel. Pero siempre volvía y, en definitiva, no le fue tan mal. Napoleón lo había nombrado duque y, como queda dicho, el rey que echó al emperador lo mantuvo en su puesto como pago de sabe Dios qué oficios.

Pero esta última misión le duró poco: los resentidos que nunca faltan, los ultramontanos sin piedad, pensaron que ya era hora de renovar el personal y lo hicieron expulsar de su puesto y de Francia a fines de 1815. Desde entonces peregrinó por Praga, Dresde y otras ciudades europeas y terminó muriendo en el exilio porque en algún lugar hay que morir y es probable que el lugar no importe mucho. Fue en Trieste y en 1820. Allí, Joseph Fouché dejó una herencia de veinte millones de francos-oro y un libro de memorias y justificaciones que tantos políticos criollos parecen estar citando todo el tiempo, parecen repetir como una Biblia, como un manual de pobres ganadores.

(1989)

Lo peor, en estos viajes solitarios, es, probablemente, la primera tarde. Por alguna razón llego mucho por las tardes. Llego con algunos números de teléfono, más o menos prometedores, y libros, recortes y anotaciones que por el momento me parecen una suma insuperable de saberes sobre el tema pero que, ya sé, dentro de tres días no me servirán para nada. Ahora es Moscú. No he hablado con nadie desde que me bajé del avión. Mi habitación de hotel es chiquita y hortera y tiene una ventana que da a una avenida tan fea como las avenidas soviéticas del Reader's Digest. *Guardo en los cajones mis latas de conserva, mis galletas; son las cuatro de la tarde y hace frío, y pronto va a hacerse de noche. Ya estoy en Moscú: no conozco a nadie, nadie me espera, no sé qué hacer.*

Tengo un teléfono —no una extensión de un conmutador central, sino una línea de teléfono con su propio número de teléfono— y un folleto viejo que da los números de teléfono de cada habitación. Debería llamar a alguien: casi todas mis esperanzas están centradas en la corresponsal —argentina— de una agencia de prensa internacional. La llamo, la encuentro, le digo que amigos comunes me han recomendado que la vea, y me da una cita para cuatro días más tarde. Desastre: qué voy a hacer mientras tanto. Qué estoy haciendo en un lugar tan ajeno, quién me manda, cómo voy a hacer para enterarme de algo. Hago otros llamados, ninguno funciona, dos horas más tarde la vuelvo a llamar.

Moscú era una historia difícil y una de las primeras. Ahora ya sé que de todas maneras —de alguna manera— todo ter-

mina por funcionar, pero igual me desespero en esas primeras horas en que una ciudad, un tema, parecen demasiado grandes, ajenos, inabarcables. Un domingo a la tarde estoy desempacando en un hotel de Port-au-Prince; el hotel es una vieja casa inglesa de madera y hace un calor que te derrite el alma. No quiero quedarme en la habitación, quiero dar una vuelta, ver algo de la ciudad. Puedo llevar la cámara y hacer un par de fotos: es una buena excusa. La busco en el bolso, no la encuentro. Vuelvo a buscarla: parece que me la robaron en el avión de Miami. Estoy en Haití, es domingo, hace calor, me quedan cinco días y no tengo siquiera una cámara de fotos. A los gritos, puteando, me pregunto para qué estoy acá, por qué carajo sigo pagando tributo a la estúpida idea de que para contar algo hay que ir a verlo.

Cuando Catalina la Grande viajaba por el interior de sus tierras rusas, su favorito, el conde Potemkin, le hacía preparar a la vera del camino pueblos de escenografía donde alegres campesinos regordetes y danzarines vivaban la carroza de la emperatriz justo antes de devolver el vestuario y disolverse en el aire. En un viaje, en cualquier viaje, todo es gozosamente falso: ahí está, probablemente, gran parte de la felicidad y la inquietud del viaje: vivir, entre paréntesis, una ficción.

Un viaje rompe el tiempo de la vida. Un viaje, cualquier viaje, crea su tiempo propio, distinto del habitual, para recorrer lugares que no tienen para el viajero más realidad que la de ese período acotado y su recuerdo: que volverán a la inexistencia una vez abandonados. El viaje ofrece el alivio de actuar en un teatro ajeno, donde uno se pone en escena con los tiempos acotados de antemano: el placer infinito de suponerse otro, de descansar de sí mismo por un tiempo previsto. Hasta que llega la decepción de descubrirse tras la máscara frágil. Y se impone la obligación de impostar un papel adecuado. O sea: lo de siempre, pero elegantemente justificado por las circunstancias.

Haití
La isla de la fantasía

Es de mañana y en Port-au-Prince, en las calles de Port-au-Prince, hay una cacofonía sostenida de gritos, músicas, bocinas y un calor imposible. En esas calles, que alguna vez fueron asfaltadas y ahora son de barro negro y maloliente, hay hombres que se lavan la cabeza con el agua servida que las cruza, mujeres que despulgan sobre sus faldas a chiquitos muy flacos, mujeres que dormitan bajo un sol como espadas, mujeres que se pasan el día entero de rodillas ante diez guayabas o un montoncito de maní. Hay hombres que llevan sobre el hombro maderos grandes como cuatro hombres, hombres que miran lo que más hombres hacen, hombres que miran a esos hombres que miran, hombres que ni siquiera se interesan, mujeres que llevan sobre sus cabezas baldes de agua o fardos despiadados, en equilibrio imposible, y muchos chicos que corren chapoteando del barro a la basura. En una esquina, otra mujer con camiseta de batman cuenta por cuarta vez su fortuna de catorce paltas y, a su lado, otra casi desnuda toma agua muy sucia de una taza, a sorbitos, y grita con los ojos en blanco: la cabalga un espíritu farsesco. En esa esquina, un chancho gris y grande como un trueno come basura sobre una montaña de basura y un pálido cabrito en la punta de una soga espera que alguien lo compre para llevarlo al sacrificio. Un negro blanqueado por la enfermedad lava un auto de antes del diluvio, y otro parte con una pica sobre el barro negro una barra de hielo. Lo miro, y él cree que tiene que excusarse. En créole me dice que su pica no es buena, que él sabe que en los países extranjeros las hay mucho mejores. Gente que pasa recoge del barro negro los pedacitos que le saltan, y los rechupa con alivio.

No hay viento, y en el aire pesado se mezclan los olores del mango, la basura, la mierda y la canela con ese frito intenso de un aceite que hierve desde siempre. En esas calles, la miseria es ese olor inconfundible, una mirada de odio, la cara con que te piden todo el tiempo una moneda. Detrás, en las casitas de madera o de cartones, pintadas de colores, familias se amontonan en seis metros cuadrados sin luz ni agua ni grandes esperanzas. A veces llueve. Otras diluvia.

Cuando diluvia el agua baja en torrentes de las montañas que rodean la ciudad y arrastra a su paso trozos de casas, gallinas, carritos, algún chico, el barro y la basura. Cuando diluvia el agua no se detiene ante nada, todo lo destruye, arrasa y limpia. Esto, en créole, se llama *lavalas*: en castellano es la avalancha.

"Yo no hablaría de destrucción, sino de purificación. En Haití, tenemos una estructura de corrupción que hay que purificar para que no siga royendo la sociedad. El movimiento Lavalas es la unión del pueblo. Es un conjunto de ríos que llegan a un punto de convergencia y, al juntarse, se convierten en la fuerza del pueblo. Y, al mismo tiempo, la fuerza permite la construcción. Cuando se ve el matrimonio del ejército y el pueblo, o la articulación de una pedagogía democrática, se ve que Lavalas es el proceso que permite la instauración de un estado de derecho en Haití."

Cuando Jean Bertrand Aristide nació, en 1953 y en una familia pobre de Port-Salut, François Duvalier se preparaba para tomar, cuatro años más tarde, el poder. El 7 de febrero de 1986, cuando un levantamiento derrocó al hijo de Papá Doc, Aristide ya era un sacerdote salesiano conocido por su militancia en la iglesia de los pobres. Entretanto se había graduado de psicólogo en Haití y de teólogo en Jerusalén y, de ahí en más, sufrió atentados, intentos de asesinato y la expulsión de su congregación hasta que, inesperadamente, el 18 de octubre del año pasado, aceptó la candidatura del Frente por el Cambio y la Democracia que lo llevó a ganar, con el 70 por ciento de los votos, las elecciones del 16 de diciembre. El movimiento se llamaba Lavalas y, en estos tiempos de outsiders, marcó la entrada de un fujimori inverso: un cura de los pobres, perseguido, sin medios, elegido como presidente del país más pobre del hemisferio.

El 6 de enero un ex ministro de Duvalier, Roger Lafontant, intentó un golpe con el apoyo de viejos tonton macoutes. Esa noche muchos de los cuadros mulatos que apoyan el movimiento Lavalas vieron desde sus casas en los barrios altos cómo, al llamado de las cacerolas y las grandes caracolas, las calles se llenaban de gentes y el cielo de humos. No podían salir a defender su proyecto: esa noche cualquier carapálida era sospechoso de macoutismo y cualquier macoute era bueno para encenderle un neumático alrededor del cuello y si acaso, tras la quemazón, comerle un mordisquito de nalga. Esa noche el nuncio apostólico huyó a último momento, abandonando su pantalón en la refriega; muchas casas de macoutes fueron saqueadas y quemadas y Lavalas se aseguró que su acceso al gobierno, el 7 de febrero, no sufriría más interferencias.

"El 6 y el 7 de enero el pueblo haitiano no habría ganado las calles en plena noche si no hubiera elegido a alguien en quien tiene tanta confianza como para sufrir ante las armas en plena oscuridad. Yo trabajo para ellos, me sacrifico por ellos, no hago nada más que lo que hizo Jesús: dar su vida por amor, y ellos lo entienden", dice el padre Aristide, tranquilo, seguro, como si hablara de alguna otra persona.

El padre Titid es un hombre chiquito, que flota un poco dentro de su traje color crema y usa unos anteojos dorados muy prolijos y las manos cuidadosamente posadas sobre el escritorio. Por momentos, habla como un cura aburrido en la misa de seis: en otros, su cara se ilumina con una luz que guarda, sin embargo, algo de ironía, una extraña distancia. El padre Aristide es, por supuesto, negro.

Yo soy blanco y blanco de las miradas. Las miradas son, muchas veces, torvas y yo, para cumplir con mi papel, pienso en algún momento de descuido que debía ser maravilloso ser un esclavista sin preguntas, sin remordimientos en aquel tiempo en que ser esclavista era normal, poseer sin culpas mujeres y hombres y hacer con ellos cualquier cosa sin culpas, sin compromisos, como se posee el pollo que ha de entrar en el horno: jugar con mujeres y hombres sin sospechar siquiera que podrían ser otra cosa que juguetes. Debía ser maravilloso formar parte de un mundo en que lo que es ahora tan obsceno formaba parte de las normas y parecía normal, ser pieza de una estructura tan sólida, tan cristalizada que las preguntas eran, si acaso, otras. En 1804 los esclavos haitianos se sublevaron contra el gobierno francés y transformaron la isla en la segunda república americana. Todos los blancos fueron masacrados por orden del general Dessalines, el fundador de la patria, que dejó para los manuales una frase sin contemplaciones: "Para nuestra declaración de independencia, debemos usar la piel de un blanco como pergamino, su calavera como tintero, su sangre como tinta y una bayoneta como pluma".

Ahora, en Haití, el 95 por ciento de los seis millones de habitantes es negro, y el 5 por ciento de mulatos fue siempre una élite económica y social. El 1 por ciento de la población acapara la mitad de los ingresos, y hay un 80 por ciento que vive con menos de cien dólares al año. Los desocupados son el 70 por ciento, los analfabetos el 80 por ciento, tres de cada cuatro chicos está desnutrido y uno de ellos morirá antes de los cinco años. En el siglo XVIII la isla producía la mitad del azúcar del mundo, pero ahora lo importa. Casi no hay industrias y la agricultura agoniza a causa de la deforestación y el agotamiento de los suelos. Las fuentes de recursos del país son los envíos del millón de emigrantes que vive en Estados Unidos y República Dominicana, la ayuda internacional y el peaje que paga la cocaína que viene de Colombia con destino a Florida. Ahora este país de miserias cree en Aristide, que no termina de decidirse entre el conflicto y la concertación.

"Marx no inventó la lucha de clases: se inclinó ante un hecho evidente. Un simple análisis científico puede llevar al individuo a entender que no puede haber una sociedad sin que haya en su interior un juego de clases. Si hay una estructura psicoanalítica que establece una relación de fuerzas entre el superyó, el yo y el ello, en el tejido social pasa lo mismo. Hay un juego de relaciones de poder entre las clases y por eso, tras haber aceptado esa realidad sociológica, no puedo sino trabajar para armonizar estas relaciones. Yo estoy sentado a la mesa y hay una clase debajo de la mesa que trata de voltearla y otra encima que se defiende, y mi papel es tender la mano a los que están debajo y a los que están encima, para que puedan sentarse alrededor de la mesa. Eso no significa eliminar las clases sociales: significa que se pueden reducir los abismos abiertos entre ellas, que se pueden canalizar las tensiones con la mayor armonía posible", dice el padre.

Después, un alto funcionario del gobierno me dirá que no cree que el presidente crea en este discurso de la conciliación, pero que por el momento es necesario sostenerlo. El otro, el discurso combativo, está por todas partes. *L'Union*, diario oficial, se indigna contra "aquellos que no dicen exactamente cuál es su posición sociopolítica. Frustrados, groseros, no hacen más que proyectar sobre el Haití real sus fantasías sedientas de retorno a un orden seudoaristocrático..." Un diario de la oposición denuncia en grandes titulares que Aristide quiere ser Fidel Castro. En Radio Haití, todas las tardes, hay dos horas de micrófono libre, para que el que quiera la haga su tribuna.

—Haití es un país muy pobre, y sería malo que lo gobernara un rico. Queremos a Titid porque él viene de una familia desdichada, y vivió siempre entre los pobres. Pero que no se confunda...

Dice en el éter un desocupado.

—¡Lo que el pueblo aprendió es que si quiere algo lo consigue!

Dice una maestra, en el más puro créole. El créole es como un carnaval de la lengua: la fiesta de un pueblo que retoma un idioma y lo retuerce en todos los sentidos, el regocijo de ver cómo las palabras más francesas devienen africanas en su boca, cómo las voces más prestigiosas de la *grandeur* se convierten en nombres de tamborileros, y los nombres de los esclavos, que no tenían apellidos, en apellidos de presidente. Pero el créole es un idioma que se escribe poco, el idioma de un pueblo que no sabe leer. En las calles, las pintadas no son leyendas sino fantásticos murales naïfs, que tienen, entre otras cosas, siempre un gallo enrojecido, el signo de Lavalas.

"En nuestro país, el pueblo fue largamente mantenido en las tinieblas de la esclavitud, y se le impidió alfabetizarse", dice el padre. "Elegimos el gallo porque podía ser reconocido por los analfabetos y, además, porque significa el despertar. El gallo canta para despertarnos para el cambio, un cambio de estructuras. Y el gallo es también el símbolo de la lucha: el cambio no llegará como un regalo, habrá que luchar para cosecharlo."

Es domingo, tarde de domingo, y es probable que muchos de estos hombres hayan pasado por la iglesia antes de llegar a la gallera. La gallera está en un claro a la entrada del pueblo de Saint-Louis-du-Sud: bajo un cobertizo de troncos, un semicírculo de tierra rodeado de maderas y, alrededor, los preparativos, las discusiones, las apuestas. Más allá, el pueblo de casas de madera repintada se aburre con la siesta; a cien metros, el Caribe se deshace en una playa de arenas de postal, pero sólo una panda de chicos usa el agua esmeralda. En esa costa la playa es demasiado natural, demasiado evidente como para que a nadie se le ocurra ir. Si la playa no se va, no hay por qué ir a la playa. Las casas están separadas del mar por una cortina espesa de palmeras; todo en el pueblo está ordenado para construir la ilusión de un campo sin rompientes.

En el campo haitiano, la gordura todavía es un signo de riqueza, y un hombre muy gordo con rayban muy oscuros acaricia a su campeón a punto de pelea. El gallo está por jugarse la vida y, sobre todo, la plata de su dueño y otros muchos. En la gallera hay más hombres con machetes y gallos bajo el brazo que les afilan los espolones, los miman, les dan granos, un traguito de ron. Después dos gallos se entreveran y hay plumas que saltan en el aire y más apuestas que se cruzan por cantidades que suenan a bravata. El gallo es el orgullo de muchos campesinos, la imagen perfecta de un sueño en el espejo roto.

La gallera está alborotada con la historia de Tiset, el policía, que pretendía a Yeyen. Yeyen no lo aceptaba, me cuenta el gordo, que habla francés, y corrió a esconderse en la cabaña de su hermana Montilla. Tiset no quería dejarla escapar y la siguió, pero Montilla no lo dejó entrar a la cabaña. Entonces Tiset, con el machete de todos los campesinos haitianos, le rebanó limpiamente el brazo izquierdo, y se perdió en el monte. Los vecinos lo están buscando desde hace días, y en la gallera se discute si, cuando lo encuentren, deberán cortarle el brazo o si es mejor entregarlo a la justicia.

—No le van a hacer nada, es policía.

Dice un viejo que masca una pipa silvestre.

—Sí le van a hacer. Titid no va a permitir que se escape.

Dice la mujer que vende banana frita mientras se arregla el pañuelo rojo que le sirve de corona. A un centenar de metros, parado frente a la iglesia pintada de colores, el padre Jean-Michel es uno de esos europeos que pueden pasarse media vida en el trópico sin perder el tinte lechoso ni la costumbre de usar zoquetes bajo las sandalias. Tiene sesenta años, una camisa blanca y una gran cruz plateada sobre el pecho, y me cuenta historias de su cruzada contra el vudú:

"Son los espíritus de Satán, son hijos de Satán", dice. "Una vez, en una misa, una mujer se tiró al suelo y empezó a gritar y patalear, y se me acercó tratando de arrancarme la cruz. Yo le pregunté en latín cuál era su nombre, y ella me contestó Agwé. La calmé con rezos y más rezos y después le volví a hablar en latín y la mujer, naturalmente, no entendió una palabra. Le digo, son hijos de Satán. Y son ellos los que hicieron fuerte a Duvalier."

En 1986, cuando la destitución del Duvalier chico, centenares de *hungans* —sacerdotes vudús— fueron muertos y sus casas incendiadas. En esos días, alguien tiró al mar la estatua de Colón que presidía la bahía de Port-au-Prince, y dejó en el pedestal vacío un papelito: *Pa de blans en Hayiti!* Blancos sigue habiendo pocos, pero el vudú no desaparece: en Haití, dice el lugar común, un 80 por ciento de la población es católica, y un 100 por ciento es vuduísta.

El vudú es una mezcla de antiguas religiones africanas con elementos animistas y cristianos. En sus ceremonias, los *hoas* —espíritus— cabalgan el cuerpo de los asistentes y hablan y se manifiestan por su intermedio, entre retorcijones y tambores. En una habitación del centro de Port-au-Prince empapelada con posters de Bob Marley y Lavalas, Dick Morse, un haitiano-americano, está ensayando con su grupo una música de fusión que mezcle todos esos caracteres.

—Ellos ponen el vudú —dice Dick, señalando a sus percusionistas— y yo pongo el pop.

La música suena como una gresca, como si pochoclos se pelearan con el gallo que los picotea. Días más tarde, en otra habitación, chiquita y oscura de un barrio periférico, un negro viejo y anillado con oros encenderá unas cuantas velas, dibujará sobre el piso de tierra intrincadas figuras y las alimentará con aguardiente y pólvora y, al cabo de un rato de incomprensibles cantos que se parecen a los de Dick, parecerá cabalgado por un espíritu que habla con voz de mujer coqueta y grita y se contonea y bebe ron por la oreja. En la habitación hay tambores, figurinas de madera y trapo y frascos con extraños polvos y el espíritu, por boca del viejo, dirá que ella es Erzulie, la más celosa, y que si le prometo silencio ella me promete, a su vez, que escribiré exactamente esa novela que siempre quise escribir. Es casi una amenaza, pero yo no le había hablado de ninguna novela, así que me parece que debería respetar el trato.

"El vudú es un juego de supervivencia", dice el padre Aristide. "El haitiano tuvo que luchar para imponer su cultura, para encontrar su fe en su identidad, que puede expresarse por medio del vudú como lugar cultural y religioso. Entonces el esclavo se refugiaba en una ceremonia religiosa para encontrar un espacio de libertad: el vudú era un espacio de resistencia."

—Pero, con usted y sus compañeros, la religión católica también se ha convertido en un lugar de resistencia.

—Sí, y es una de nuestras mayores riquezas. Por mucho tiempo, el catolicismo fue un arma para imponer una posición colonial, pero hoy es esa misma religión la que se vuelve un instrumento de lucha contra la tentativa de imponer una cultura en nombre de un dios extranjero a nuestra realidad. Nuestro dios es un dios haitiano, es un dios negro, que está en armonía con el dios de los blancos, que lo ama, porque si dios es amor ya no tendrá ningún color. Pero si no se da este movimiento, sufrimos la imposición de un dios blanco, de una cultura blanca, de una política colonial. Y nuestra lucha, que atraviesa el tiempo, utiliza todos los instrumentos. La religión se vuelve un instrumento de lucha liberadora, igual que la política y la cultura. No hay una dicotomía entre la religión y la política, ni una sumisión de la religión al servicio de la política: allí donde encontramos instrumentos de liberación, los utilizamos.

Sobre el escritorio del presidente hay una estatuita de arcilla de un negro cimarrón y un gallo de metal plateado. Un walkie-talkie, algunos libros y ningún objeto religioso. A su derecha, atrás, la bandera haitiana; a su izquierda, atrás, una foto oficial de sí mismo, enmarcada, con la misma bandera y la media sonrisa. El presidente habla lento pero sin altos ni dudas, como si ya supiera todas las palabras. Es, además, un magnífico orador popular, formado en miles de misas en los barrios pobres, que usa trucos de cura: la repetición, los cambios de tono, el establecimiento de un ritual. Sus asesores se aterran porque cuando empieza a hablar nunca saben lo que va a decir: escucha mucho a sus propios impulsos y le habla a su pueblo en créole y provoca, cuentan, delirios y diálogos.

En la calle, el fervor por su figura es quizá más místico que simplemente religioso. Hay gente que me pregunta si he estado con él con reverencia, casi con unción, y casi nadie se asombra de que llegue de tan lejos.

—Claro, viene a verlo a Titid.

En una reunión mundana, una profesora de francés muy educada, madame Dieula, una negra enorme y añosa que alguna vez le escribió un poema a Papá Doc, me explica lo que muchos otros me han dicho: que Aristide es un mensajero de Dios.

—Nada puede alcanzarlo. Si pudo superar las esferas y los obstáculos, es porque él depende de Dios y no de los hombres.

—Hay que comprender que "dios" es un concepto lingüístico al que el hombre recurre cuando no alcanza a captar la totalidad de un fenómeno —dirá después el sacerdote presidente—. Cuando los haitianos piensan que hace cuatro meses aquí había una dictadura feroz, y que hoy estamos alumbrando una democracia, los límites lingüísticos los llevan a recurrir a Dios, como una muleta lingüística. Si al hablar de mí hacen alusión a Dios es porque identifican a la persona que participa activamente en este proceso y, al mismo tiempo, ven los límites de esa persona y recurren a Dios para completar el campo de su lenguaje. Pero sería un error grave si yo pensara en mí mismo creyendo que seré un pequeño dios. No, no, todos somos divinos porque somos humanos. Y es el pueblo el que es Dios, no yo; el pueblo el que es el profeta, no yo. Como hijo del pueblo, yo participo de esto, y cristalizo un poco más que otros la imagen de ese dios, de ese profeta. Si permanecemos unidos tendremos el poder de representar la justicia, la belleza y la democracia, y a los ojos de los demás seremos un pueblo dios.

Dice el padre, casi inflamado, con las manos por fin despegadas de su mesa, con los ojos mirando más allá.

—Estoy orgulloso de él. Es un hombre que ama a Dios, y cuando un hombre ama a Dios no puede hacer tonterías.

Me había dicho, esa misma mañana, el mozo que me servía el desayuno.

—¿Tiene forros?

Wilcam maneja el taxi, un americano latoso en vías de extinción, y su pregunta es casi sorprendente.

—No.

—Si no tiene, le puedo vender, y lo llevo a Copacabana.

Wilcam se ladea la gorra y sonríe, para que se le vean los oros de los dientes. Como todos los taxistas de Port-au-Prince, Wilcam guarda los billetes en bollitos que tira al suelo, a sus pies, junto a los pedales. Wilcam es joven, tipo Pedro Navajas en negro muy profundo.

—¿Adónde?

—A Copacabana, un burdel fantástico. Tiene blancas y negras, hasta brasileras.

Haití, decididamente, no tiene suerte. Hasta mediados de los ochenta, la prostitución funcionaba bien, en varios rubros: había bellas mujeres y bellísimos hombres y, todas las semanas, llegaban aviones cargados de gays de California en busca de cuerpos oscuros salvajes musculosos. Con ellos, por supuesto, llegó el sida, y se acabó el negocio.

En la pileta del hotel, sin embargo, gorditas lúbricas made in USA imaginan noches de interminables estrecheces con negros que las asedian con el brillo de sus dientes y sus cadenas de oro. Las gorditas menean las tetas hechas a base de forraje compensado y los negros les miran los dólares con una mano en la entrepierna; con la otra, gozan la idea de que después de tanto milk-shake y t-bone igual los necesitan. Y afuera, en la parada de taxis, Wilcam ataca de nuevo con otra oferta: una de trece, oriental, dice, casi sin usar, *a real dream*. En las calles de los barrios altos de la ciudad hay carteles del gobierno que recomiendan el uso de condones incluso dentro del matrimonio, y nadie se ha escandalizado. Bajo los carteles pasan las camionetas atiborradas que hacen de transporte público, pintadas de infinitos colores con dibujos y leyendas primorosamente fileteadas: *Dios ve todo, Objetividad, Jesús es pueblo, La tierra prometida, Perseverancia, Mensajero del Gran Dios*. Bajo los carteles hay puestitos que venden, entre otras cosas, los mismos perfumes truchos que he visto en Santa Cruz de la Sierra o en Moscú: algún día va a haber que investigar las redes de la internacional del aroma falso, los traficantes de olores simulados. Bajo los carteles, hacia el mediodía, las calles se llenan de negritas con trenzas, zoquetes blancos y uniformes de todos los colores, que salen de los colegios. Hay colegios —privados— en cada una de esas calles, con sus grandes carteles y sus casas descascaradas: el Estado sólo asegura la educación del 10 por ciento de los chicos. Y hay, en Port-au-Prince, con su millón y medio de habitantes, un solo hospital público.

 El Hospital General es un conjunto de viejos edificios pintados de verde donde los internos se amontonan en multitud de camas y multitud de gritos. Es como una vieja imagen de la guerra de Crimea, Rusia, 1855. El calor es sofocante, y los olores; en los pasillos, enfermos en el suelo esperan que alguien se haga cargo. Una nena llora a los gritos y me quiero ir. En el patio, en una cripta bajo los árboles, la Inmaculada está impertérrita, rodeada por cientos de flores. Una mujer vestida de celeste tiene una vela en la mano y le habla con tono airado, como quien amenaza; otra, toda de rojo, canta una melodía que nunca termina, porque nunca empezó. Bajo esos árboles, decenas de mujeres recostadas sobre arpilleras esperan algo. Un chiquito de cinco o seis años pasa saltando, me mira, me sonríe y me dice: *Blan, kupé tet.* Dice: blanco, te corto la cabeza, y se ríe otra vez.

En una puerta, cerca de la salida, una mujer muy alta y muy flaca, con el mismo vestidito que usó siempre, se retuerce y grita una muerte con frases que van convirtiéndose en canciones de odio, ferozmente africanas. La canción sube y baja, salta, tropieza, muerde, da vueltas en el aire, traga amargo, escupe. Me quedo, me espanto: no puedo dejar de mirarla y escucharla. Hace dos semanas se descubrió en el Hospital General un laboratorio clandestino que usaba los productos e instalaciones del lugar para hacer por dinero los análisis que se les negaba a los pacientes. Dicen que trabajaba desde hace más de diez años.

El Estado, en Haití, no ha funcionado nunca, salvo como fuente de ingresos para sus administradores. Esa es, por ahora, la gran debilidad del gobierno Lavalas: antes de poder hacer, tiene que poner en marcha el aparato. Y en el aparato están enquistados todavía los cuadros del duvalierismo, muchos viejos macoutes. La oposición, por ahora, está callada: la derrota de las elecciones y de la intentona de enero fueron demasiado fuertes. Aristide tiene, en este momento, un gran poder personal pero muy pobres estructuras de poder. De la inexistencia del Estado o de la impaciencia que eso genere o del ejército podría venir el contragolpe. Y el padre no lo ignora.

"No debo esperarlo, pero es posible. No tengo que vivir con esta previsión hasta el punto de convertirla en una fijación que se volvería patológica, pero tampoco tengo que vivir con una ingenuidad beata hasta el punto de no pensar en eso: me convertiría en un imbécil psicológico. Entre ambas opciones, cultivo una relación de equilibrio y leo, incluso, si es necesario, libros como este", dice el presidente y se ríe, por una vez se ríe mientras me muestra uno de los libros de su escritorio: *Las tácticas del golpe de Estado,* de Curzio Malaparte.

Días atrás, en otro sitio, el coronel L. me daba una lección práctica, inesperada, sobre el particular. El coronel —como quiera que se llame— me contaba su participación en el golpe de abril de 1989 contra el general Prosper Avril. Los que daban el golpe eran todos coroneles de su promoción, pero él —ahora— cree que eran sobre todo demasiado ambiciosos:

—Veían que un hombre joven, apenas mayor que ellos, gobernaba el país, y pensaron que por qué no ellos. Además, tenían dos o tres ideas curiosas. Pensaban, por ejemplo, que cuando el ejército decomisa algún cargamento de cocaína de los que hacen escala en la isla, en vez de quemarlo o entregarlo a las autoridades americanas, debía venderlo, y usar ese dinero para modernizar el país. Estaban muy confundidos: los Estados Unidos nunca hubieran aceptado semejante cosa.

El coronel tiene 43 años y unos ojos muy vivos, astutos, que se le ríen en cada sonrisa. El coronel hizo un curso de comando con el entonces mayor Rico —"ese sí que es un hombre, un verdadero militar"— en Campo de Mayo y en 1982 y, en el golpe, le dieron la misión de arrestar al presidente Avril. La cumplió: lo sacó de su casa y, durante una larga noche, lo mantuvo esposado y a su merced.

—Pero en todo momento lo traté con el debido respeto, sin tocarlo, sin pegarle, con toda corrección, llamándolo siempre "mi general". Porque yo pensaba que él iría al exilio y, entonces, si moría en el exilio, en algún momento se repatriaría su cadáver, porque había sido un general y un presidente. Y entonces quizá yo tuviera que comandar la guardia que le rindiera honores fúnebres, y ¿cómo iba a poder hacerlo si alguna vez lo había maltratado?

El coronel tiene anillos con oros y diamantes, un perfume de Yves Saint Laurent, traje impecable y una cortesía sin fisuras, pero ahora insiste en que sus compañeros estaban equivocados:

—Yo los seguí por solidaridad y espíritu de cuerpo, pero ya de antes les decía que uno no puede dar un golpe cuando a uno le parece. En esos días las cosas estaban más o menos normales, había habido un aumento de salarios, la gente estaba tranquila. Para dar un golpe no alcanza con la ambición y algunos tanques, hay que esperar que haya cierto descontento, reivindicaciones, la gente en la calle.

Explica el coronel. Si sus compañeros comparten sus conceptos, el gobierno del cura Aristide no corre —por ahora— peligro en ese sentido. Su apoyo es generalizado, compacto, y el general Abraham, comandante en jefe del ejército, es considerado como el hombre fiel de los americanos que —por ahora— siguen prefiriendo cierta legalidad democrática. Pero en estos días han surgido problemas: Aristide, con apoyo de Francia, quiere crear una policía autónoma, independiente del ejército, y Abraham no quiere perder atribuciones. En un restaurant de Port-au-Prince, en el patio del museo de arte naïf, el embajador francés, bigotudo, sudoroso, habla casi bien del gobierno:

—En realidad es un problema de formas. Son mucho mejor de lo que parecen, más organizados, conocen bien sus asuntos. Pero no saben mostrarlo, aunque ahora...

Lo interrumpen los besos de la mujer del embajador americano, saludos y sonrisas. Mister Adams, en cambio, va derecho a su mesa, sin siquiera mirarlo. En el restaurant también está el embajador alemán, un ministro y un par de corresponsales: la perfecta sensación de pueblo chico, de poder manejable. Por supuesto, todos comentarán el desaire, y algunos dirán que el embajador americano está defendiendo a su general. Sin embargo, todas las embajadas y demás fuentes de poder se deshacen en proclamas de fe democrática. Y Abraham no deja de hablar del "matrimonio entre las fuerzas armadas y el pueblo", y promete siglos de democracia.

Pero el estado de gracia no puede durar mucho tiempo. Las tentativas de conciliación social del gobierno no parecen tener grandes posibilidades, en una situación donde lo que está en juego es la comida de anoche. El cambio de sociedad que promete Lavalas nunca fue claramente definido, y sus promesas permanecen difusas pero, en la calle, se espera todo del padre Titid; lo que está claro para muchos es que el gobierno de Aristide puede ser la última posibilidad de que la sangre no llegue al mar, de que no se vuelva a aplicar la vieja consigna de las revueltas de esclavos: *Kupé tet, bulé kay.* Corten cabezas, quemen las casas. Después, en la manifestación, una mujer canosa me lo dirá sin rodeos:

—Si tocan a Titid hay que quemar todas las casas; primero voy a quemar la mía, y después todas las demás.

La manifestación debe empezar hacia las nueve de la mañana en la puerta de la iglesia de San Juan Bosco, la iglesia del padre Aristide, por *Ti Kominoté Legliz* —comunidades eclesiales de base, la organización del padre Aristide. Donde estuvo la iglesia de San Juan Bosco ahora quedan unas ruinas sin techo, unos ladrillos quemados. Allí, el domingo 11 de septiembre de 1988, una banda de veinte o treinta macoutes irrumpió en plena misa y tiroteó a los fieles. Hubo 18 muertos y Aristide se salvó de milagro. Los macoutes incendiaron la iglesia y, al día siguiente, los jefes del operativo aparecieron en la televisión nacional, a cara descubierta, contando todos los detalles del asalto. Después, con el tiempo, fueron cayendo, uno tras otro, en el suplicio del collar ardiente.

Ahora en la puerta de la iglesia hay un fresco en el que el padre Titid sale volando sobre un arco iris, escapando del fuego, y cientos de personas se van reuniendo para protestar contra la carestía de la vida y pedir la renuncia del ministro de comercio, Smack Michel.

—Aunque no esté allí físicamente —me dirá, al otro día, el presidente—, no puedo dejar de participar en estas manifestaciones: yo comulgo profundamente con sus aspiraciones. Mi actitud es escucharlos, alentarlos y tratar de canalizar sus fuerzas para que no sean manipuladas ni transformadas en destrucción. El juego político no puede hacerse fuera de la relación de fuerzas. A veces, un decreto no alcanza para acabar con ciertos privilegios, entonces es necesario que la fuerza haga irrupción a través de manifestaciones bien organizadas, ordenadas: fuerzas del pueblo que ejercen la presión justa. Esa es la democracia participativa: sin la movilización no llegaríamos a nada. El 7 de febrero hicimos una revolución política, pero tiene que haber una revolución social para que la primera no sea estéril. Y eso no se puede hacer desde el palacio, sino desde el pueblo.

Así debe ser Lavalas. La calle, en Haití, es siempre un gran mercado, una marea sin rumbo de cuerpos y más cuerpos, pero esta mañana, en la calle, en medio del calor y las bocinas de los tap-taps, hay grupitos de mujeres con sombreros de paja y Biblia en el sobaco, hombres con camisetas de gallos y Aristide, pancartas en créole y una cruz de madera llevada por un viejo muy serio, que encabeza la marcha. Al principio, los manifestantes, ordenados, se unen en cantos casi religiosos, letanías bien entonadas:

—En nombre de Jesús/ debemos destruir el mal./ En nombre de Jesús/ debemos destruir a Satán./ A los ministros tramposos debemos destruir,/ a los macoutes en sus escritorios,/ a todos los que venden el país,/ debemos destruirlos/ en nombre de Jesús.

De tanto en tanto se detienen, se arrodillan, e insultan al ministro con gritos ululantes y la cara y los brazos tendidos hacia el cielo. Son como un mar de noche a punto de romper. Después se paran, y siguen con sus cánticos:

—Oh mi dios, oh mi dios,/ el capitalismo es un pecado mortal/ para la iglesia de los pobres/ que están debajo de la mesa.

—Yo escribí esa canción.

Me dirá, después, el presidente.

—¿Y la sigue suscribiendo?

—Sí, sí, sí. En mi visión teológica, el capitalismo es el sistema que ofrece a una minoría la posibilidad de explotar a la mayoría. Pero el capitalismo, el comunismo, el socialismo, no son sino conceptos. Mi mirada de teólogo y mi praxis como jefe de Estado me llevan a retomar la misma verdad por medio de otra imagen: hay una pareja que espera un hijo. En vez de que marido y mujer discutan sobre el nombre que le van a dar al bebé, es mejor que vivan en armonía para preparar su llegada, que el bebé tenga dos ojos y no cuatro, dos pies y no seis, y todo el resto. Que se llame Jacques o Joseph me da lo mismo. La nueva Haití, que vamos a construir alrededor de la mesa, tendrá pan para todos, trabajo para todos, respeto para todos. Que se llame capitalista o socialista será secundario: aunque yo personalmente sea socialista, no pretendo imponer un nombre a esta experiencia que estamos viviendo. No puede haber democracia sin libertad, ni sin justicia: así crearemos el campo de la libertad para cultivar juntos las relaciones humanas. En cuánto tiempo, no me interesa. Estamos en marcha, y estoy convencido de que llegaremos.

Son las diez y media y el grupo de manifestantes se agranda, se mezcla. De las escuelas, de la calle, se van sumando jóvenes que gritan y saltan y corren, que amenazan con ritmos endiablados:

—Hay que acabar con los macoutes/ si el gobierno no acaba/ le daremos el suplicio del collar.

Algunos de los jóvenes dicen que son marxistas y que van a apoyar a Aristide mientras siga fiel al pueblo. Otros dicen que no son nada pero tienen hambre. Nadie cuestiona al presidente, pero muchos dicen que está mal acompañado. Al cabo de dos horas la manifestación es un río que corre por las calles más céntricas, que se trepa a las rejas del palacio, que se desmanda en gritos. Así, en inmenso, debe ser, supongo, Lavalas.

A la mañana siguiente estoy en el palacio presidencial, esperando la entrevista. Es una sala enorme y versallesca, muy alfombrada, donde dos docenas de personas esperan que les llegue el turno. Hay banderas, un gallo de cerámica, cuadros de próceres con tricornio y un video discreto, en un costado, que pasa discursos de Aristide. Hay hombres y mujeres endomingados que se saludan y se sacan fotos de recuerdo. Hay tres o cuatro curas y un civil que lee la Biblia en un rincón. De tanto en tanto la ministra de Información, una mulata de melena de leona, tacos muy altos y vestido de fiesta, entra para llevarse al siguiente elegido. Mientras, el resto comenta la destitución del ministro de Comercio. Algunos suponen que se debió a la presión de la calle; otros aseguran que el ministro ya había presentado su renuncia y que las organizaciones quisieron capitalizarla movilizando a la gente.

"Cuando juraron los ministros", dirá después el Presidente, "yo le pedí al pueblo que esperara los resultados para juzgarlos. Durante tres meses cuestionaron al ministro de Comercio porque era también un comerciante y, decían, favorecía sus intereses. Ahora está clara la necesidad de no taparse los oídos ante los gritos de abajo. No es que cada vez que se critique a un ministro lo vayamos a cambiar, pero a veces hay buenas razones, y el pueblo tiene sus derechos: eso es la democracia".

Frente al palacio, inmenso, blanco, neoclásico, hay un césped impecable por el que corre un perro rengo. Después vienen las rejas y más allá, a un centenar de metros, una canilla donde se agolpan mujeres y chicos con baldes de colores que vienen a buscar agua. Junto a la canilla, un hombre desharrapado grita que él votó a Titid y sigue sin trabajo y tiene hambre, y que ya no puede esperar más.

(1991)

DE MADRID AL CIELO

Los trescientos africanos seguían durmiendo en el subte de la Plaza España, con grados bajo cero, y por las mañanas subían en fila negra hasta la plaza, buscando un recuerdo del sol junto a la sombra de la estatua del Quijote: iban vestidos de colores, como para otra fiesta. Días pasados, uno se había muerto del frío, pero lo que te saltaba al cuello cuando llegabas a Madrid era el vértigo perezoso de una noche de viernes. En las calles, cientos y miles de coches casi embotellados ensayaban una danza lenta: no podían moverse, por el atasco, y no podían dejar de moverse, porque cualquier estacionamiento era imposible. El movimiento perpetuo era una tortura suave, gentilmente europea, y desde todos lados atronaba una música house.

En aquellos días de invierno, muchos madrileños creían vivir en el país más corrupto del mundo porque el hermano del vicepresidente se quedaba con algunos vueltos, y lo comentaban con horror frente a fuentes y fuentes de crustáceos en primera agonía. Rosados, lo eran también los platos y manteles, las luces como de la aurora y el futuro asegurado a estas legiones de empresarios y funcionarios orgullosos, vestidos de punta en blanco: horas y horas de peluquerías y cosméticos no habían podido borrar de sus peinados símil italiano la resistente marca de la boina.

—Es que ese Datsun Solara Jihad me tiene loquito, Juan Ángel, muertito de deseo.

—¿Qué pasa, que ya no te vale el beemeuve?

—Pero hombre, no seas tercermundista.

La ciudad había cambiado mucho. Los naturales eran cada vez más altos y más rubios, espléndidos, aunque algunos, en un arranque de furia de la raza y de vergüenza torera, empezaban a usar lentes de contacto teñidas de pardo para disimular que los ojos se les volvían súbitamente azules. En el Corte Inglés un aluvión de electrodomésticos había hecho muertos y heridos. Bajo las aspas de licuadoras laser, entre las carcasas de televisores con colorido de videoclip, la sangre teñía de marrón falsos visones, las caras se entregaban a Dios con la satisfacción del deber cumplido, y las mujeres expiraban sin soltar la tarjeta de crédito de sus deditos crispados. La ciudad sería regordeta o no sería.

Afuera, bajo banderas estrelladas, por una vereda apenas más baja que la vereda caminaban mendigos a un paso de volverse gloriosamente invisibles. Arrastraban carritos colmados de restos y basuras con el mejor packaging al sur del río Bravo, pero seguían pidiendo por el hambre de sus hijos. Alguien murmuraba que esto era un escándalo, que qué hacían los socialistas, que por qué no acababan con todos ellos. En oficinas con mucho gris y rosa el partido socialista y obrero y español repartía carnets modestos como salvoconductos necesarios. En cada uno de ellos rezaban sus principios, "la completa emancipación de la clase trabajadora, es decir: la abolición de todas las clases sociales" y también, curiosamente, "la posesión del poder político por la clase trabajadora". En una oficina con mucho más gris y mucho más rosa, el partido repartía las tarjetas de crédito que marcaban la verdadera pertenencia.

—Mari Puri, que me apetece mucho darte un muerdo.
—Pero señor subsecretario, por favor, un respeto.
—Que no seas tercermundista, Mari Puri.

Por las noches, era peligroso arriesgarse más allá de la autopista periférica, donde los chavales navajeaban peatones para pagarse el pico y lanzaban entre carcajadas vómitos teñidos de violeta o carmesí. Los taxistas ya lo habían aprendido, y preferían pasar las noches junto a sus legítimas. Esperaban que la Mari Pili se durmiera haciendo el muerto y recién entonces conectaban en el video un casete de playboy para meneársela con decoro burgués y una mica de culpa cristiana. Lo terrible era cuando ella se había perfumado y tardaba en resignarse a simular el sueño.

La ciudad estaba cercada. En un pueblo de Asturias, un labrador había muerto bajo un derrumbe de piedras en el preciso instante en que consumaba el acto amoroso con una gallina de colores vivos. Su foto, de cuerpo presente bajo la piedra y con gallina aún adosada, había decorado todos los periódicos porque nadie había podido fotografiar las orgías que tanto escándalo produjeran en aquella residencia de ancianos de Palma de Mallorca. Faltaba diversión, la vida se estaba tornando demasiado plástica. Por suerte, el tercer mundo daba tema: en *El País*, dos páginas enfrentadas se resignaban a entrevistar a la bruja de Méndez y al psicoanalista de Borges.

Todos esperaban a Colón ansiosamente, frente a un televisor con stripteases producidos en Italia. Un día él llegaría, y España volvería a ser un imperio donde el sol no se pusiera, aunque el sol fuese fabricado en Taiwán e importado vía Oklahoma. El orgullo nacional estaba repuntando virulento: ya casi todas las mucamas eran filipinas, y muchos albañiles hablaban en húngaro o polaco. Quizá, después de todo, Colón no resultara necesario. Sin embargo, algunas tardes, el apocalipsis se colaba en las miradas de los transeúntes. La inflación del mes había alcanzado el 0,4 por ciento, el Real Madrid seguía sin ganar la Copa de Europa y Saddam Hussein insistía en enterrar soldaditos occidentales entre castillos de arena. La catástrofe amenazaba: si Dios o Felipe no lo remediaban, el año próximo habría muchos que no podrían cambiar el coche.

Fue entonces cuando, dicen, sucedió aquello. Sí, uno de esos días pasó algo. Nadie supo en realidad cómo, ni qué, y las reconstrucciones posteriores resultaron vanas. Todo se había disuelto, evaporado. Sólo se encontró en el justo medio de la nada un organillo de calle, sin organillero ni lorito ni mono, que repetía empecinado las notas metálicas del viejo chotís sin nadie para canturrear la letra. Aquella que decía: de Madrid, al cielo.

(1991)

Malcolm Lowry:
Ni el volcán

—Pero, ¿tenía eso algo que ver con la razón por la que yo sentía tan ridícula necesidad de contar mi vida? ¿Por qué hacía cosas así? ¿Y de qué demonios recelaba aún todo el mundo? ¿Qué mierda de derecho tenían de interrogarlo a uno?

Podrá decir, más tarde, cuando hable, si es que alguien, aquí, pudiera llegar a hablar alguna vez, Malcolm Lowry.

O no. La cantina se llama La Universal. Allí me ha citado. Hay poca gente —es media tarde—, pero el aire es pesado, sudoroso. La luz no entra, porque no hay ventanas, y hay un mostrador de madera pintado de rojo y largo y cuatro o cinco mesas. (Esto es una convención: en realidad, hay exactamente cuatro mesas.)

Las paredes están semidesnudas y fueron blancas; frente al mostrador hay dos carteles: uno anuncia para esta noche en el cine local *Las manos de Orlac*, con Peter Lorre; el otro, un "combate especial entre Tomás Agüero, el invencible Indio de Quauhnáuac, 57 kilos, y Gonzalo Calderón, El Oso, 56,300, en la arena Tomalín". En la pared trasera alguien ha escrito con carbón, en castellano: "La bebida destruye al proletario".

Malcolm Lowry nació el 28 de julio de 1909 en Birkenhead, Cheshire, Inglaterra. Pero Joszef Konrad Korzeniowski también nació en Polonia. Su familia procedía de un linaje demasiado british de comerciantes de algodón y, entre los diez y los catorce años, el niño Malcolm estuvo ciego, y William Faulkner nunca supo cantar un aria de *Tannhäuser*. Lo mandaron a Cambridge, *comme il faut*, y también *comme il faut* se fugó un día para embarcarse en un carguero rumbo al Extremo Oriente; en China recibió un balazo en la rodilla, en Jamaica tocó el ukelele en un burdel, en algún intervalo se licenció en Cambridge, y lord Byron murió de fiebres en los Dardanelos. Después se fue a una cabaña en la Columbia canadiense o a una casona en Cuernavaca, según los momentos, los relatos. Malcolm Lowry no peleó en España.

Lowry está en la última mesa, contra la pared que está vacía. Es un tipo flaco, de rasgos afilados. Resulta difícil ponerle una edad y tiene una camisa blanca y amplia, casi colonial, y el pelo muy corto y una barba rala; los dedos amarillos de nicotina tamborilean contra la madera oscura. El ritmo es confuso. Le pido perdón por la demora y me dice, muy british, que no hay tal, que acaba de llegar. Debe ser cierto, porque no hay nada sobre la mesa. Tras los saludos y parabienes comenta que no ha bebido nada desde la noche anterior: "No he bebido nada desde anoche", dice y llama al patrón y le pide un anís del Mono con agua y hielo. Lo mismo para mí, aunque el hombre nos dice que no hay hielo.

Ahora no habla. Supongo que debo interrogarlo, pero sus ojitos claros y bisagras me miran con un sesgo espeso. Le pregunto por qué escribió *Bajo el volcán* y hace un gesto con la mano como diciendo ah era eso y, sin embargo, después dice que no sabe, que su intención no le parecía oscura cuando lo empezó, a los 26 años, pero que lo fue cada vez más a medida que avanzaba. "De todas formas", dice, "una de mis intenciones, la más cierta, era la de escribir un libro". Y dice que lo concibió aquí mismo, en este pueblito mexicano, y decidió explotar las posibilidades poéticas del tema.

"En 1937 escribí una versión de unas 150 hojas, que le gustó a Arthur Calder-Marshall, pero la consideré incompleta y no del todo honesta", dice Lowry. "En 1939 quise alistarme como voluntario en Inglaterra pero me ordenaron permanecer en América; en 1940, mientras esperaba la llamada del Ejército, reescribí una vez más todo el libro en seis meses, pero sin obtener ningún buen resultado, salvo en los pasajes de la embriaguez del cónsul, y algunos de ellos ni siquiera me parecían bien logrados", dice, lento.

Tiene la voz pastosa; mientras va sorbiendo su anís enturbiado por el agua lanza lánguidas miradas al estante detrás del mostrador donde hay un par de botellas de tequila, el anís, un mezcal de Oaxaca, una de bourbon Four Roses a punto de morir. El pulque está en una olla de cobre sobre el mostrador, junto a una vela. "También entre 1940 y 1941 reescribí *La última dirección* y lo rebauticé como *Lunar caustic*, y concebí la idea de una trilogía —¡nada menos que una trilogía!—", dice, y sonríe por primera vez, "que se llamaría *El viaje interminable* y sería una especie de *Divina Comedia* borracha. *El volcán* sería la primera parte, infernal; un *Lunar caustic* ampliado sería la parte del purgatorio, y una enorme novela en que trabajaba también entonces, *Sin carga hacia el mar Blanco* —que perdí en el incendio de mi casa en Canadá— era la parte tercera, el paraíso", dice, y cruza una mirada con el patrón, que tiene cara de llamarse Eufrosio. Después dice que el conjunto se refería a la lucha que sostiene el espíritu humano a causa de su facilidad para engañarse a sí mismo en su ascenso hacia su fin verdadero, y le pide otro anís.

"A fines del '41 dejé *Sin carga*...", dice Lowry, "que ya entonces comprendía más de mil páginas colmadas de excentricidades lingüísticas, y decidí agarrar por los cuernos esa fantasmagoría inspirada en el mezcal, *El volcán*, y hacer algo con ella. Así que la convertí en mi empresa espiritual", dice. Y el anís, y el gesto de tantear un cigarrillo, se cortan de pronto y aparece un pequeño silencio. Retoma: "Le dije a mi esposa —a mi segunda esposa ¿sabe? Margerie Bonner— que posiblemente me cortaría el cuello si durante ese período de ebriedad del mundo alguien tenía la misma sobria idea. Trabajé durante dos años más, ocho horas diarias, y había terminado ascética y satisfactoriamente todas las partes de la embriaguez y no me quedaban más que tres capítulos por rehacer cuando un día, cerca del Año Nuevo de 1944, leí casualmente una reseña americana de *Fin de semana perdido*, de un tal Jackson", dice. Y ha terminado el segundo anís y transpira pero poco aunque el calor es rudo, y me cuenta sus tribulaciones al descubrir que alguien había escrito ese libro sobre el alcoholismo y lo había publicado antes que él, la desesperación en que cayó, el incendio de su casa en Columbia y su esposa salvando del fuego el manuscrito de *El volcán*. Y lo difícil que le resultó conseguir editor, "todo por esa maldita novelucha de borrachos", dice, "esa novela de tres al cuarto".

Silencio. Después le pido que me cuente la historia del cónsul Geoffrey Firmin, el protagonista de *Bajo el volcán*, y entonces sí llama a Eufrosio en castellano con terrible acento y le pide mezcal. "Pues me vas a traer un mezcalito, Eufrosio, sí". Eufrosio lo mira con la mirada aguachenta. "La historia del cónsul...", dice, acariciando con un dedo el fuego de la vela.

"Desde luego, hablando con propiedad, ya no era cónsul. Si vamos al caso, ya casi no era un hombre. Había perdido a su esposa, ella se había divorciado de él, pero el día que la historia relata ella en realidad había vuelto a él. Sus amigos, monsieur Laruelle y su hermanastro Hugh, es decir, yo, y lo mismo podría decir de todos los demás personajes...", dice. "¿Son todos usted?", pregunto. "Todos", contesta, molesto por la interrupción, y retoma: "Sus amigos y, por supuesto, el doctor Vigil, cuyo verdadero nombre, no sé si lo sabía, es Juan Fernando Martínez, por cierto", se desvía, "que, como era zapoteca, me llamaba con un nombre indio: el Creador de Tragedias, me decía, «hola, ¿estás creando más tragedias hoy?», me decía, para saludarme en el bar", dice Lowry. Y se lo ve animado, y retoma: "Toda esa gente, incluida su esposa, intenta ayudarlo, en diferentes formas, para que deje de beber, se vaya al Canadá, se interese por otras cosas, beba otras cosas, se vaya a Acapulco. El doctor Vigil, por ejemplo, lo invita a irse con él a Guanajuato, en coche", dice, y se ha bebido el mezcal y mira a Eufrosio y dice coche, "coche", dice, como buscando.

"Un día, a finales de 1936, cuando vivía allá abajo, en el número 55", dice, y señala con la cabeza una dirección que debe ser la de la calle Humboldt, "tomé un ómnibus para Chapultepec. No el Chapultepec grande sino el que está cerca de aquí. Antes había una cascada y cosas así, pero ya no. Iban conmigo varias personas, una persona muy querida, mi primera esposa Jan —nos casamos en París ¿sabe?—", aclara, "y dos americanos, uno de los cuales iba vestido de vaquero... Íbamos a una corrida de toros, a este lado de Chapultepec. La plaza de toros aún está allí, porque la vi el día de año nuevo, cuando íbamos a Yauntepec. Y a medio camino nos detuvimos junto a un indio que parecía estar agonizando al costado de la carretera. Quisimos ayudarlo, pero nos lo impidieron, porque dijeron que iba contra la ley", recuerda, y mira a Eufrosio que ya llega y "lo que ocurrió fue que al final lo dejamos donde estaba y, entre tanto, un borracho del ómnibus le había robado su dinero del sombrero, que estaba tirado a su lado, en la carretera. Pagó el boleto con el dinero robado, y seguimos hasta la corrida de toros", dice. Y vuelve el silencio: "¿Y entonces?", le pregunto. "Eso es todo", contesta.

"Toda la historia se desarrolló a partir de ese incidente. Lo comencé en forma de relato corto. Después se me ocurrió...", dice, y titubea, y se pasa la mano, descarnada, por el pelo y cae en una carcajada y dice que se le ocurrió que nadie había escrito hasta entonces un buen libro sobre la bebida y que él era entonces una gran autoridad sobre el tema, dice, "por no decir más. Y así, mientras la primera versión corta de libro era rechazada por un editor tras otro, me puse a desarrollar el tema de la bebida tanto en el libro como en mi vida ¿comprende?", me pregunta, con los ojos cada vez más bisagra y unos hilitos rojos y la botella de mezcal Xicotenatl que Eufrosio ha terminado por dejar. La botella es de vidrio color caramelo y en la etiqueta ocre hay dibujada una pirámide azteca. No respondo. A nadie le importa. Lowry está empezando a olvidarme: "Después de haber escrito la historia del indio junto a la carretera", dice, "y haber tenido la inspiración de convertirla en una novela larga, escribí primero el final del libro. Hice que un grupo de policías matara a tiros al cónsul en una cantina", dice, y mira en derredor. "Coloqué esa cantina por encima de la barranca y en un lugar que se parecía un poco a Chapultepec, el que está cerca de aquí, no el de la batalla, y lo llamé Parián. Más adelante, después de haber ido a Oaxaca por última vez, cambié de nuevo la naturaleza de la cantina y la convertí en parecida a una de la propia Oaxaca llamada El Farolito, que solía abrir a las cuatro de la mañana. Yo había estado allí muchas veces, y solía entrar en conversación con un grupo de borrachos perdidos que, lejos de molestarse porque escribiera en una libretita todas y cada una de las palabras que decían, parecían halagados", dice, y se ríe con un tono casi siniestro. "Ellos intentaban hablar inglés y yo español y la confusión resultante era precisamente lo que yo deseaba. Debo reconocer que estaba perfectamente borracho", dice, y se sirve otro vaso y en La Universal también son las ocho de la noche y empiezan a llegar parroquianos de blanco, pantalón y sarape y caras aindiadas, comentando cuánto dura la sequía. "¡Chíngale!", dice uno. "¡Chíngale!", le dicen.

Lowry ha prendido un cigarrillo, sin ofrecerme. Se llaman Bohemios y es tabaco cubano, cortos, sin filtro. Aspira una bocanada larga y tose. "Parte de la desesperación del artista", dice, como si hablara para sí, como si ya me hubiera olvidado definitivamente, "frente a su material tal vez se deba al hecho evidente de que el propio universo está en proceso de creación. Una obra de arte orgánica, tras haber sido concebida, debe crecer en la mente de su creador o perecer", dice, y aspira y tose. "Para acabar *El volcán* llegué al límite de mis fuerzas… En realidad, siempre se hacen ambas cosas, perecer, crecer...", murmura. "De modo que el autor, mientras trabaja, es como un hombre que no cesa de abrirse paso a través de un humo cegador, intentando rescatar objetos preciosos de un edificio en llamas. ¡Qué esfuerzo tan desesperado e inexplicable!", dice, entre aromas de mezcalito y, como ya no existo, no puedo siquiera intentar una observación de mal gusto sobre el hecho de que fue su mujer quien rescató su obra del fuego, una mujer que no cesa de abrirse paso. "Pero ¿no es acaso el edificio en llamas la obra de arte en cuestión, perfecta desde hace mucho tiempo en la mente y convertida en vehículo de destrucción exclusivamente por el esfuerzo que requiere realizarla, transmutarla al papel?"

Lowry se detiene, parece agotado. Durante unos minutos fijará la mirada en el cartel de *Las manos de Orlac*, con Peter Lorre, blancuzco y letras empastadas, y tardaré en animarme a revivir y preguntarle por la organización de la novela, su división en doce capítulos. Entonces empezará hablando como desde muy lejos del número doce, dirá que es una unidad universal y que no necesita hablarme de los trabajos de Hércules o de los apóstoles o de las horas del día y los meses del año —la novela transcure en un solo día que cierra un año, el día de los muertos de 1938— y que por todo eso el número doce le era indispensable. "Es como si escuchara un reloj de péndulo sonando medianoche para Fausto", dice, "cuando pienso en la lenta progresión de los capítulos, siento que sólo doce, ni más ni menos, podía satisfacerme. Y le digo esto porque mi editor quería que lo redujera; quería reducir la novela a seis capítulos, suprimir dos o tres personajes, cambiar el tema central... En fin, pretendía que tirara el libro por la ventana y escribiera otro", dice Lowry, como con sorpresa, casi divertido.

Y en un tono que se va haciendo más grave seguirá hablando —para sí, para Lorre— de las relaciones de *Bajo el volcán* con la cábala, hasta irse por las ramas del árbol de la vida y terminar en el jardín original, el paraíso perdido para el hombre. "La alegoría es la del jardín del Edén, y el jardín representa ese mundo del cual podemos ser expulsados siempre, pero quizá más todavía en el momento en que estaba escribiendo ese libro. En ese sentido, la borrachera del cónsul también debe simbolizar la borrachera universal durante la guerra, durante el período que la precedió, en cualquier momento. A lo largo del libro, el destino de nuestro héroe puede ser considerado en relación con el destino de la humanidad", dice, ya serio y con las manos quietas.

Le pregunto si le parece que esto puede ser fácilmente comprendido, y Lowry parece electrizarse: "Es que esta novela puede leerse sencillamente como una historia, pero ofrece más cosas si uno quiere profundizar en ella. Y es mejor, bastante más densa, más profunda y está más cuidadosamente planificada y ejecutada que lo que algunos creen", dice, y se exalta. "*Bajo el volcán* puede ser considerada como una especie de sinfonía, o si no como una especie de ópera, y hasta como una novela del Oeste. Es música bailable, poema, canción, tragedia, comedia, farsa. Es superficial, profunda, entretenida y aburrida, a gusto del lector. Es una profecía, una advertencia política, un film absurdo, un letrero en la pared. También puede considerarse como una especie de máquina, porque también trabaja, me lo puede usted creer, lo he descubierto", dice, casi gritando, con un dedo en alto, y los mexicanos de la barra nos están mirando de reojo y yo le creo o mejor dicho: estoy de acuerdo.

Estoy de acuerdo, lo admiro, su gran novela es una gran novela y Lowry se toma otro mezcalito y la botella ya está más que mediada. Lo admiro y no sé si soportaré el final, no sé si soportaré verlo rodar debajo de las mesas pero tampoco se me ocurre cómo podría evitarlo, quizá si lo mantuviera hablando, pienso, y recuerdo que alguna vez pensé que la sed del cónsul era más que nada una sed de saber, que aun cuando el alcohol le permitía huir de los sufrimientos vitales, también era por medio del alcohol que se hacía vidente, en un sentido casi rimbaudiano, le digo, con vergüenza, en la cantina.

Y Lowry parece más sereno: "En la cábala", dice, "el abuso de poderes se compara con la embriaguez o abuso del vino, en hebreo *sod*, y eso me permite la analogía. Uno de los atributos de la palabra *sod* implica también la idea de jardín, o de jardín abandonado, ya que la cábala se considera a veces como el propio jardín que tiene en su centro el árbol de la vida", dice, y se queda pensativo. Después retoma: "El mezcal ha sido víctima de la calumnia. Y como él, la amistad de dos personas con capacidad alcohólica semejante y con la ambición de beber hasta que se hunda el mundo y permanecer lúcidas, amistad que nada sella como el alcohol. Se convierte en una especie de hermandad de sangre", dice, sentencioso, y el calor es definitivo, la humedad. En cualquier momento voy a tener que salir a la calle. "Pero en el mezcal radica el principio de esa fuerza divina o demoníaca de México", dice, y me mira como descubriéndome y me sirve un mezcal, me ofrece un cigarrillo. Lo acepto. Bebemos. Fumamos. "Todo lo escrito sobre la bebida es absurdo", dice de pronto, en un sobresalto. "Debo rehacerlo todo. ¿Qué decir del conflicto, la tristeza aterradora que puede conducir a la participación en la trágica condición humana, al autoconocimiento, a la disciplina? El conflicto es lo fundamental", dice, ya mezcalito, transpirando. "Gin y jugo de naranja es lo mejor para el alcoholismo, y su verdadera causa es la fealdad y la completa y desilusionante esterilidad de la existencia, tal como se la venden a uno. De otro modo sería avidez. Y válgame Dios, es avidez", dice, y hace una pausa. Se seca la frente con la manga, busca un cigarrillo encendido, no tiene. Retoma: "Pero tengo una buena salida: me parece que me voy a retirar y voy a pescarme un pequeño delirium", dice Lowry y empieza a tararear *Indiana blues*, un tema de Trumbauer. "A veces extraño la trompeta del maldito bastardo Beiderbecke ¿sabe?", me pregunta. Ahora lo sé. Pero no sé si el señor Lowry es Malcolm Lowry. Se lo preguntaría: "¿Usted es Malcolm Lowry, señor Lowry?"

Él me mira como si me mirara: "Lowry no es un novelista", dice, "no en la acepción corriente de autor de novelas.

Sencillamente, no sabe lo que es", dice Lowry de Lowry. "Es una especie de hombre subterráneo. También es el compañero de Ortega, y construye una vida sobre la marcha y trata de encontrar su vocación…", dice, y se detiene. Está buscando. "En literatura es poco interesado, inculto, increíblemente poco observador, en muchos aspectos ignorante, sin fe en sí mismo y carente de casi todas las cualidades que se atribuyen normalmente a un novelista o escritor", dice, y respira. Hondo. "Hasta sus métodos para escribir son absurdos y prácticamente no ve nada, ni siquiera a través de los ojos de su mujer, aunque gradualmente llega a ver. Creo que esto puede hacer de él", dice él, "puede hacer de él un personaje muy original, a la vez humano y prácticamente inhumano", dice, se va apagando, calla. El aire se está volviendo inabordable.

El silencio se instala y yo me pregunto qué debo hacer, porque Lowry acaba de rebajarse hasta lo hondo y quizá deba decirle algo y tiene la cabeza apoyada en la pared mugrosa y mira a los mexicanos en el mostrador, pero yo no quiero estar allí cuando se acabe. No sé si podría soportarlo. Una radio gangosa canta corridos con traiciones y venganzas. Después me pregunta si sé que la más alta tasa de suicidios de no sé qué país se da entre los encargados de atender un bar. Yo no lo sé. "Sí", dice, "siempre escuchando las eternas confesiones de la barra, las malditas confesiones". Y se calla otro rato y yo mirándolo, admirándolo en él al gran pintor de las cucarachas brindando con las ratas en una viga de henequén. En el fondo de la cantina, detrás de la pared, debe haber un gallinero porque ahora que no suenan los corridos se escuchan las gallinas que murmuran. Parece que cantaran *Frère Jacques*, la canción francesa. Bebemos más mezcal. Lowry está callado y después dice: "¿No le parece que ese maldito ruido suena como *Frère Jacques, frère Jacques*, la canción francesa?". "No", le digo, "no me parece".

Y lo admiro en él y saco un papel húmedo que traía para la entrevista y se lo leo: "Sabía que su vida y su obra —de usted, de Malcolm Lowry— nos ayudan, según Jorge Semprún, a destruir la funesta concepción de la literatura como vocación de servicio y a comprender que un escritor nunca debe tomarse en serio —oh santa y brutal y corrosiva y subversiva y tónica ironía de un Lowry, o de un Kafka, o de un Bulgakov..." Y que "lo único que debe tomarse en serio es la literatura misma, con esa lúcida y acaso mortal seriedad que sólo merecen la literatura, la política y el erotismo cuando son obras de la imaginación utópica y no meros subproductos funcionales...", le leo, y no sé si me está escuchando.

Pero igual le pregunto si sabe que Jorge Semprún escribió eso sobre él y tantos otros tantas otras cosas, y él me gruñe que no: "No", gruñe, "no lo sé. O sí lo sé". Y otro mezcal, y otro silencio, y otro cigarrillo, y después se pasará la mano por el pelo como si despertara y me preguntara si sabía que en la región de Oaxaca muchas veces se encuentran los huesos de un perro junto con los de un hombre, en su tumba. Le digo que no: "No lo sabía". Y él: "Sí, los mexicanos creían que en su viaje al reino de los muertos los espíritus llegaban a un río ancho, difícil de cruzar", dice. "Por eso mataban al perro, para que acompañara a su amo en el último viaje. Suponían que el perro llegaba a la otra orilla del río antes que el hombre y, al ver a su amo, se tiraba al agua para ayudarlo a cruzar", dice Lowry.

Eso dice, y se levanta canturreando *Frère Jacques*, la canción francesa, y se va al mostrador a hablar con Eufrosio. Se tambalea poco. Los mexicanos se retiran un paso y lo dejan rodeado de un metro de nada y en la radio de nuevo los corridos y Lowry se ha llevado la botella.

Salgo a la calle y es de noche noche. Las buganvillas de las paredes ya son como paredes, en la calle angosta hay poca gente y empiezo a caminar hacia una esquina. Hay una funeraria, allí, cartel de letras negras sobre verde claro: Funeraria Quo Vadis, es el nombre.

(1983)

Da Costa o la fuga de los dioses

—Padre, ¿habrá natillas y polvorones en la vida eterna?
—Sólo si así lo quiere nuestro señor Jesucristo.
—¿Y mazapanes y jalvá?
—Para Su Mayor Gloria, hijo, para Su Mayor Gloria.

Sus ancestros se habían convertido al catolicismo cien años antes, porque en Oporto y en el 1600 el judaísmo estaba penado con el destierro o la hoguera. Los Da Costa eran una familia de cristianos nuevos y ricos, ennoblecidos por un rey don Manuel, y el pequeño Uriel tenía una jaca blanca y caracola, criados portugueses que murmuraban por lo bajo y un destino seguro de atardeceres suaves junto a las viñas que mueren en el Tajo. Esta vida terrena se le presentaba tediosa, escasa y fácil, pero no había quien lo convenciera de que lo que importaba era la vida eterna.

Uriel era un jovencito flaco, pálido, de manos lánguidas y rizos azabache que estudiaba con ahínco las letras y los cánones y no soplaba la llama de la vela sin haber deglutido con esmero algún capítulo de los Evangelios. Pero, recuerda, cuanto más leía y preguntaba, más se turbaba su alma en el empeño. Con todo, llegó a ser leguleyo, y a los veinticinco fue tesorero de un convento de Oporto. En eso estaba, entre doblón y escudo, salve y avemaría, cuando empezó a encontrar insoslayables diferencias entre el Viejo y el Nuevo Testamento.

Y se lanzó a judaizar en silencio. En la empresa corría el riesgo de la vida. Y, además, su judaísmo era curiosamente primitivo: su situación sólo le permitía leer la Biblia, y no tenía acceso al Talmud, la Misnah o cualquier otro de los libros posteriores. En la historia del judaísmo hay un corte tajante: en los últimos siglos antes de Cristo, los fariseos, que postulaban la inmortalidad del alma, todo un sistema de recompensas tras la muerte y, en general, una religión más compleja y espiritualizada, se habían impuesto a los saduceos, los defensores de la ley de Moisés sin más aditamentos. Por materialista y por clandestino, Uriel da Costa era una suerte de saduceo perdido en la neblina, con quince siglos de atraso y una soberbia a prueba de pecados. Hasta que decidió tomar el toro divino por los cuernos: poco antes de cumplir los treinta, huyó en barco hacia Amsterdam, donde los judíos vivían libres y razonablemente prósperos, para instalar allí su religión y su comercio.

—¡Tierra! ¡He visto tierra!
—Es cierto. Ya lo mandó Moisés, Deuteronomio, 3.28.
—¡Por Satanás! ¡Aten al loco ese en la bodega!

En Amsterdam había navíos y canales, sólidos negocios protestantes y un cielo siempre bajo y siempre negro. En Amsterdam la sociedad burguesa estaba inventándose a sí misma y los señores gordos rubicundos paseaban por las calles heladas muy vestidos de oscuro y satisfechos de cumplir con su destino manifiesto; sólo los turbaba una mesurada lujuria en la compraventa de bulbos de tulipanes y la preocupación de que un buen retratista los fijara en el lienzo. "A los pocos días", recuerda el sefardita en sus memorias, "eché de ver que las costumbres y ceremonias de los judíos no convenían de manera alguna a los preceptos de la ley mosaica. Y, no pudiendo contenerme, juzgué que haría una cosa grata a Dios tomando su defensa. Enseguida me excomulgaron por impío y mis propios hermanos no me saludaban, y los niños judíos, amaestrados por los rabinos, me seguían en grandes turbas, me maldecían a gritos y me arrojaban piedras".

Quedó sin colectividad, sin patria. Durante quince años siguió rezando solo al Dios de sus mayores; su comercio de paños prosperaba y su segunda mujer le había dado dos hijas. Ellas hablaban portugués y hebreo y, de tanto en tanto, se les escapaba una palabra en holandés que el padre no entendía. Un día a Uriel da Costa se le ocurrió que la ley de Moisés podía no ser la ley divina porque, al fin y al cabo, el viejo Moisés también fue un hombre: fue entonces cuando pidió que lo aceptaran de nuevo en la comunidad judía.

En ella estuvo, durante pocos meses. Lo sorprendieron en algún renuncio y un primo suyo se encargó de la campaña en contra. Por segunda vez fue excomulgado. Estaba enfermo y sus parientes le quitaron incluso su negocio. Siete años pasaron de esta suerte; desesperado, viejo, intentó volver una vez más.

"Entré un sábado en la sinagoga, llena de hombres y mujeres que habían venido como para un espectáculo. Cuando llegó la hora subí a un púlpito de madera que estaba en el medio y allí con voz clara leí una abjuración de mis errores en que confesaba yo ser digno de mil muertes y prometía no reincidir en tales iniquidades y blasfemias. Luego un rabino me llevó hasta un rincón del templo, y el portero me mandó desnudar hasta la cintura, me ató un lienzo a la cabeza, me quitó los zapatos y ató mis manos a una columna. Acto seguido tomó unas correas y me dio en las espaldas los 39 azotes, conforme al rito. Entre azote y azote cantaba salmos. Acabado este martirio, me senté en el suelo; llegó el predicador o sabio y me absolvió de la excomunión. Tomé mis vestidos y me postré en el umbral de la sinagoga. Todos los que salieron pasaban sobre mí, y esto lo hicieron todos, así niños como ancianos. Cuando ya no faltaba ninguno, me levanté manchado de polvo y me fui a mi casa."

Allí Uriel da Costa escribió a toda prisa estas memorias, se armó de un arcabuz herrumbrado como un rayo y se lanzó a buscar al primo réprobo. No lo encontró. Estaba en un puente de la Herrensgracht cuando hundió en su boca la boca del cañón sobredorado. Anochecía en Amsterdam, en la primavera de 1640. A tres manzanas de allí, Baruj Spinoza, el excomulgado en ciernes, el que terminaría de formular una idea materialista de dios, acababa de cumplir los ocho años, y no escuchó el disparo.

(1989)

Lima
Perfume del final

No es bueno estar tan convencido de que te van a matar antes de media hora. Hacía muchos años que no me sucedía. Fue algo parecido al miedo, pero no era el miedo: era la desagradable sensación de que algo estaba por llegar, algo estúpido, que podría de mil maneras no haber sucedido. Yo no tenía por qué estar ahí: podía haberme quedado en Lima. O en mi casa. Y trataba de pensar, si acaso, en las posibilidades de zafar, en explotar al máximo esas posibilidades.

Yo caminaba por un sendero embarrado que costeaba un río violento y pardo en medio de una selva muy verde, toda de helechos como pinos. Llovía, estaba oscureciendo, y caminaban conmigo dos sujetos que decían que eran policías y que me iban a acompañar hasta un cruce, a un par de kilómetros, donde podría encontrar un camión que me llevaría al pueblo donde vivía ese cura que sabía tanto sobre Sendero Luminoso. Me los había encontrado al bajar del tren, en una parada sin pueblo, y no había tenido más opciones. Estábamos solos, en el medio de la nada, a cien kilómetros del Cuzco.

Los sujetos no tenían uniforme, pero sí revólveres muy aparatosos. Sus caras me parecían de temer; quizá no fueran policías: si lo eran podía ser peor. Me dolía la cabeza. El río atronaba, golpeaba contra las rocas. La selva se nos echaba encima.

Ellos se hablaban en quechua y se reían con destellos de lata. Era obvio que no les costaría casi nada desenfundar, pegarme un par de tiros en la cabeza, sacarme lo que tuviera y tirarme al Urubamba de una patada displicente. En segundos, mi cuerpo se destrozaría contra las rocas. Yo pensaba si me daría tiempo para suplicarles, para tratar de convencerlos de que no era necesario matarme, que podía darles todo y asegurarles mi silencio; pensaba que nadie encontraría nunca mi cuerpo y que eso me importaba poco; pensaba que era terriblemente estúpido, innecesario terminar así.

Uno de ellos tenía la cara larga y huesuda, reventada de viruela, y unos ojos chiquitos que se escapaban todo el tiempo; el otro era gordo, retaco, cholo de caricatura. Yo les hablaba pero no me contestaban. No me gustaba que me mataran ellos; no me gustaba que por tan poca cosa, unos dólares, una cámara, nada personal. Aunque pensaba también, curiosamente, que sería muy rápido, que ni siquiera sería doloroso.

Es obvio que justo entonces escuché unas voces y vi a cuatro muchachos con machetes que venían en nuestra dirección y nos alcanzaron. Respiré. Ya éramos demasiados. Es obvio que nunca estaré seguro de lo que habría pasado. Que quizá fuera sólo el efecto de tantas prevenciones, de tantas historias escuchadas desde que llegué al Perú: un clima. El cura había salido de gira pastoral por los poblados y podía tardar varios días. No pude esperarlo, pero me cuidé mucho de volver a la estación acompañado por varios comuneros. La cantidad alivia mucho. Nunca debí haber dejado Lima.

Cada vez que el bebe berreaba alguien aplaudía, y así durante horas. Yo había llegado esa misma noche y no sabía. El hotel era una gran casa patricia venida a menos en el barrio de San Isidro, llena de muebles de época y polillas intemporales y el llanto no paraba, ni los aplausos. El bebe lloraba bien, pero tampoco era para aplaudirlo. A la mañana, desayunando en el jardín comido por la maleza, Gérard y Jeanne me explicaron que les faltaba experiencia, y me presentaron a Alexis.

Gérard y Jeanne son dos franceses en el final de los treinta, romboidales, de piel lechosa, que venden ropa en los mercados de la zona de Marsella. Hacía años que buscaban, por cualquier medio, un bebé. El año pasado, en un mercado de

Aix-en-Provence, alguien les habló de la conexión peruana, y les dio el teléfono de la Abogada. Ya antes se habían decepcionado con un cura, con una sociedad de adoptantes, con canales más intrincados. Pero la Abogada los puso en camino. Tras quince meses de trámites y ahorros, hace tres días que llegaron a Lima, y hace dos que les entregaron a Ricardo.

Ricardo ahora se llama Alexis —en francés, acentuado en la última sílaba— y sigue teniendo siete meses, la piel morena, el pelo rapado y muchas mataduras. Alexis es feo. Se agita panza arriba en un moisés y sus nuevos padres siguen aplaudiendo, a ver si lo distraen. Alexis es un bebe de sólo diez mil dólares, porque no tiene ningún pedigree. Por ese dinero en China un hongkongués se puede comprar diez riñones en perfecto estado, nunca taxi, pero es cierto que acunar un riñón no debe resultar muy pulcro. Aquí, es el precio medio de un chico de menos de tres años.

—Si la Abogada es buena debe ganar mucha plata, si no ganará menos. A mí me da igual —dice Gérard—. Ella tiene que pagar a jueces y funcionarios y a los padres. Pero se debe quedar con una buena cantidad.

La madre de Ricardo era una chica de diecisiete que se presentó a la entrega del bebe con un amigo, "pero se notaba que no era el padre", dice Jeanne. Ahora está embarazada otra vez, de tres meses, y ya les ofreció la criatura. Jeanne y Gérard dicen que primero quieren ver cómo les va con este; de todas formas, tienen que quedarse aquí un par de meses, hasta que terminen los trámites y los sobornos.

—Bebé, ahora vas a ser francés, vas a vivir mejor.

Dice Jeanne, limpiándose un hilito de mermelada.

—Ojalá pudiéramos salvarlos a todos...

Dice Gérard, y cuenta que trajeron una valija llena de antibióticos "para los chicos sin hogar". Hay más té, más tostadas. Nadie toma los jugos de fruta, por si acaso. Ahora bajan al jardín dos americanas cuarentonas, caderudas, cada cual con su nueva hija de año y medio. Las nenas tienen el pelo negro al ras y se juntan para hablar en su media lengua castellana. Las madres nuevas les hablan en inglés, en un tono severo, ligeramente protestante, y las llaman Maggie y Dolly. Se calculan unos ocho mil chicos exportados cada año, pero la cifra es conjetural.

—Lo que yo hago es totalmente legal, pero preferiría que no se diera mi nombre a la publicidad.

Dice la Abogada. La Abogada tiene 43 y es elegante con la elegancia de las limeñas de vieja familia: las piernas largas y el pelo renegrido, rasgos suaves, tres siglos en cada caída de ojos. La Abogada vive en un tercer piso, moderno e inmenso, justo en el límite con el centro de Lima. "En el distrito Centro", informa un cartel en la calle, "hay 120.000 chicos abandonados por sus padres". En el piso hay mesas del siglo XVIII de maderas raras con incrustaciones de marfiles y carey y un bargueño con columnas torneadas como si fuesen los muslos de la Virgen; hay marfiles de colección y abanicos de bisabuelas y un par de santos escapados de una capilla familiar. Pero las cortinas que dan a la calle están raídas, casi rotas.

—Para que de afuera no parezca que somos ricos.

Me explica, en francés, con muy buen acento. La Abogada se empeña en hablarme en francés y debe ganar mucho dinero. En este momento tiene, además de Alexis, otros seis casos.

—Yo lo hago por los niños. Piense que Alexis ya no va a ser peruano, sino francés. Piense cómo le va a cambiar la vida.

Me habían hablado tanto del agujero negro que, cuando decidí que había llegado al centro de Lima, me senté en un zaguán y dediqué cuatro minutos a mofarme —solo— de los mojigatos, tilingos y pusilánimes que me habían descrito ese lugar como la última frontera. Gente que se impresiona por cualquier cosa: se nota que no han estado en Haití o en La Matanza o el puerto de Shanghai; les falta mi experiencia. Me sentí un auténtico cortapalos. Después, satisfecho, me levanté, caminé otros diez minutos, y llegué realmente al centro de Lima.

Durante más de dos siglos, Lima fue la capital de todo el sur de América. Hacia 1540, cuando llegó Pizarro, el Perú tenía unos seis millones de habitantes. Después, masacres y epidemias mediante, hubo que esperar cuatro siglos para que volviera a haber esa cantidad. Ahora son veintitrés millones. Lima, que tiene ocho, fue organizada y equipada para dos millones de personas. El centro de la ciudad, el orgullo del virreynato, fue poco a poco ocupado por la turba, expoliado a sus expoliadores. Es la historia fantástica de cómo una ciudad cae en las fauces de sus propias criaturas rechazadas. Se oyen entre los gritos dentelladas, y un eructo de satisfacción de tanto en tanto. Las grandes casonas coloniales son conventillos más allá de lo miserable; en las calles hay rotos que vagabundean desde 1536 con una botella de aguarrás en la mano izquierda y la convicción de que así será, si dios así lo quiere. Hay héroes que te ofrecen cocaína o pasta base y te miran como si Jesse James fuera Atahualpa. Hay putas a cinco dólares el polvo en un caserón abandonado, colchones de paja en el suelo, seis o siete por habitación, y los puestos de ceviche trabajan a tope pese a la propaganda persistente sobre el cólera. Un diario anuncia que el hombre hiena se comió cuarenta cadáveres en un cementerio y cada tantos metros irrumpe un palacio colonial mordisqueado por las termitas. Hay infinitos cuerpos culibajos y más policía: pululan niños, pero se dice que esos tiernos infantes se convierten de pronto en pirañitas y descarnan en un segundo al más pintado. Casi no hay blancos: si acaso ese escribiente de traje muy ajado que está llenando la misma foja desde 1942, cuando se le frustró el ascenso a subencargado de escritorio. De pronto, dos policías con gorras de béisbol atrapan a un ladrón de once años que tropezó en su fuga y le dan un par de sopapos, una filípica y una patada en el culo como despedida. Alguien grita:

—¡Esto es el Perú, mi hermano!

Jorge Lanata me había dicho, antes de salir, que un día contó treinta y ocho vendedores ambulantes en una cuadra: debía ser la época en que estaba fanatizado con el minimalismo. En los alrededores de la plaza de Armas los vendedores son bandadas innumerables, pobres de todas las edades que ofrecen las mercancías más diversas. El cartel manuscrito de un puesto ofrece salchipapas al toque, porque al toque es un invento peruano. Se vende todo lo imaginable y lo que no, pero esa chola joven, caderona y retaca que ofrece unos sachets de champú para el baño del perro es una iluminada.

Justo detrás de la casa de Gobierno, desde donde San Martín proclamó algo alguna vez, se despliega uno de esos mercados atiborrados y sucios, interminables y maravillosos donde cholas venden perfumes franceses, anticuchos de corazón, calzoncillos chinos, relojes del tiempo, jeans brasileros, fetos de llama contra el mal de ojo, vino chileno, whisky escocés del Paraguay, ponchitos de vicuña y los ítems variadísimos que aporten los ladrones. Esas calles son el paraíso de cualquier nariz: frito, cloaca, gamexane, maracujá, sudor, incienso, escapes: cuando Paco Rabanne invente el perfume del fin del milenio lo llamará Milima y tendrá esas notas y un envase de símil cal descascarada.

—Un terrorista/ dos terroristas/ un guerrillero/ emerretista/ un traficante en el Huallaga…

En la verja de la casa de Gobierno, un soldadito disfrazado de emboscada en la selva tararea el rap que sale de la radio de un vendedor de abecedarios ilustrados:

—…Alan García y su compañía/ se balanceaban/ sobre una torre derrumbada/ como veían/ que resistía/ fueron a llamar a Abimael.

Es el hit de estos días. El soldadito bailotea con el fal por delante.

—Somos cinco policías en la esquina de Larco/ vendiéndole rifas a los más zampados/ si total corrupción hay en todos lados/ y por cinco lucas me compro un diputado/ un juez, un fiscal, un par de abogados/ un arquitecto, o en su defecto/ un novelista, un par de periodistas/ un arzobispo, un cardenal/ una virgen que llora y una virgen de verdad/ y quizás a Fujimori…/ Sobre una torre derrumbada…

De pronto aparece cantidad de mineros con cascos y cholas con bebes: la inflación está oficialmente contenida y el dólar está clavado en 0,95 soles desde julio, pero este mes se ha implantado el IVA para los alimentos y todo ha subido más del veinte por ciento. La manifestación de la CGTP avanza hacia la plaza San Martín gritando con cólera. Son, decididamente, más políticos que poéticos:

—¡Pueblo, escucha,/ el chino es una mierda!

Algunas cholas llevan casco, pero ningún minero un bebe. Uno de los que lanzan consignas usa la camiseta de la selección argentina con el diez en la espalda.

—¡Aquí están, estos son,/ los que quieren al Perú!

La manifestación pide mayores sueldos y preservación de las fuentes de trabajo. Se calcula que menos de la mitad de la población de Lima y alrededores tiene empleo fijo. Casi todos los días hay una manifestación, me dicen, pero esta es de las grandes. Un senador de Izquierda Unida en guayabera se sube a un estrado, levanta el puño y proclama que una comisión se dirige a la casa de Gobierno para exigir...

—¡Conciliador! ¡Revisionista!

Le gritan los mineros con caras de montaña. A treinta metros, también sobre la plaza, detrás de la estatua ecuestre del Libertador, dos tanquetas de la segunda guerra plagadas de soldados dan el toque tecno. Un oficial joven dice que mejor que no le ordenen reprimir.

—Ojalá que nunca llegue ese momento, porque no sé qué haría.

—¿Qué haría?

—¿Qué hacer? ¿De qué lado? Ellos tienen los mismos problemas que nosotros: no hay plata.

Dice el oficial, mascando chicle sobre la tanqueta.

—Y mi plata no la tienen ellos.

Dice el oficial, y escupe el chicle.

En las encuestas, el ingeniero Fujimori mantiene un sesenta por ciento de popularidad: se le acredita sobre todo haber puesto algo de orden en la economía, aplicando las fórmulas de ajuste del Fondo Monetario, y muchos creen todavía que no está pringado en la corrupción general. So pretexto de esa misma corrupción, Fujimori no pierde ocasión de mostrar su desprecio por las instituciones —justicia, parlamento, prensa, partidos— y de repetir que la única institución respetable, en la que dice apoyar su gobierno, son las Fuerzas Armadas: algunos empiezan a hablar del riesgo de bordaberrización, y hay quienes dicen que la presencia militar no es aún mayor porque eso favorecería a Sendero Luminoso.

El museo del Santo Oficio de la Inquisición está en el centro de Lima, en una casona del siglo XVIII donde supo tener su cuartel general. En la antigua cámara de los tormentos, maniquíes muy bastos hacen muecas de espanto bajo la tortura. Una guía suavemente maquillada, bonita, con aretes de fantasía amarilla y una voz susurrante nos ha contado que aquí se trataba a los que amenazaban la pureza de la Fe; ahora explica con detalles la técnica de cada máquina:

—Este es el tormento de la toca. Al preso lo inmovilizaban en una mesa con sogas y una correa en el cuello. Luego le introducían en la boca una gasa húmeda y una cinta que le entraba hasta la garganta, y le cubrían la nariz y la boca con otra gasa. El verdugo procedía a echar líquido sobre estas gasas de tal manera que se cerraban los tejidos, produciéndole sensaciones de asfixia.

La guía nos sonríe con glamour de calabozo. Cuando sea grande va a ser una azafata brasilera.

—Si el preso seguía sin querer colaborar, le colocaban un embudo en la boca y le echaban más agua. El recipiente con que la vertían se llamaba azumbre, y contenía de cinco a siete litros de líquido.

Desde que empezó la actividad de Sendero Luminoso, en 1980, han muerto diez mil "presuntos subversivos", siete mil campesinos, dos mil militares y policías y dos mil doscientos civiles sin más definición. En 1991, por quinta vez consecutiva, la comisión de Derechos Humanos de la ONU galardonó al Perú como el país del mundo donde se producen más desapariciones.

La actividad guerrillera ha causado, además, pérdidas por unos veinte mil millones de dólares, el equivalente de la deuda externa peruana. Y a esto se le agrega la droga. El Perú produce más de la mitad de las hojas de coca del mundo, aunque, falto de industria, sólo procesa el diez por ciento de la cocaína. El negocio de la coca emplea a trescientos mil campesinos, produce mil quinientos millones de dólares por año y es la causa básica de que casi cualquier funcionario, juez, militar, político o policía aparezca como un bien negociable. A cualquier escala: en estos días, el agente de la Policía Nacional Salustio Achuspe ha sido promocionado al rango de prócer de la patria por los diarios limeños porque se negó a recibir la coima de un automovilista infractor. Nadie sabe cifras exactas, pero se calcula que son unos sesenta millones de dólares lo que los grandes narcos del Alto Huallaga pagaban cada año a diversas autoridades del Estado por su protección; ahora, casi todo ese dinero lo recauda Sendero Luminoso, que controla buena parte del valle. La situación es confusa: en los dos últimos años, la cifra de peruanos que viven en "situación de extrema pobreza" pasó de siete a doce millones.

—Cuando un pueblo no tiene qué comer, protesta. Si tienen la panza llena, aunque estén calatos, no les importa más nada.

Calato significa desnudo y el taxista es votante del Apra. El taxista me explica que el sistema está en crisis: si no crea trabajo, todo se desmanda. El taxista tiene sus ideas sobre la determinación económica de las cosas.

—Porque entonces viene un terrorista y te dice te doy mil soles para que me pongas una bombita y yo voy y en un ratito pues me gano mis mil y así vamos estando, maestro.

Hacia fines de los setenta, cuando empezaron a reunirse en los claustros de Ayacucho, los seguidores de Abimael Guzmán eran un grupito de estudiantes maoístas al que llamaban los "chupamaros", por su afición a la parranda, que se dedicaba a colgar perros de los árboles con leyendas contra el revisionismo chino de Deng Tsiao Ping. Doce años más tarde nadie sabe a ciencia cierta cuántos son, pero sí que controlan alrededor de un tercio del país: sobre todo las zonas de sierra y selva donde han instalado sus propios comisarios en pueblos y comunas y el ejército ya no puede entrar.

A mediados del '91 un documento del Partido Comunista del Perú-Sendero Luminoso declaró que el partido y el ejército habían alcanzado la fase del equilibrio estratégico, la que precede en la concepción maoísta a la ofensiva final. Se discute la veracidad de la afirmación, pero está claro que los senderistas han consolidado su asentamiento en algunas zonas de los alrededores de Lima, desde donde quieren establecer un "cordón de hierro" para estrangular a la capital.

—Para este año preparan algo grande —dice un sociólogo de un centro de estudios marxista que prefiero no nombrar—. Sus últimos documentos hablan de una serie de ataques que terminará con el intento de tomar alguna zona urbana o un cuartel y provocar una fuerte represión sobre los pobres, para que haya muchos muertos. Ellos siempre han hablado de que en el momento del equilibrio estratégico tiene que haber un "genocidio popular" que galvanice las posiciones. Y Sendero es un partido que, a diferencia de otros partidos políticos, suele cumplir con lo que dice. Sus amenazas casi siempre se cumplen.

En la puerta del centro hay rejas y un par de guardias armados. Sendero ha lanzado, últimamente, una campaña contra las ONG, las ha calificado de "cipayos del imperialismo" y otros títulos que preceden las "operaciones de aniquilamiento".

—Ya no podemos seguir siendo el jamón del sándwich y mantener la posición clásica de la izquierda peruana, que decía que había que abstenerse de la lucha entre Sendero y el Estado —dice otro investigador, refiriéndose a una polémica que sacude a todo el sector—. ¿Cuál es el enemigo principal? Sendero, porque restringe las posibilidades de organización popular, y además está matando a dirigentes populares que podrían hacerle la competencia.

—Y Sendero nace de nuestra propia costilla —dice el primero—, ya no podemos ser ambiguos. No te dejan siquiera esa posibilidad. Para ellos toda la izquierda, toda, es cómplice del imperialismo y del Estado genocida, y debe ser destruida.

Cada tanto, los dos hombres miran hacia la calle, como quien espera algo. Sendero Luminoso no se parece en casi nada a las guerrillas clásicas latinoamericanas: aunque sus jefes salgan de la pequeña burguesía ilustrada de la sierra, despreciada por los criollos limeños, sus integrantes suelen ser quechuas marginados, que nunca tuvieron un lugar en la sociedad peruana, que no tienen nada que perder. Y son absolutamente clasistas, y no parecen buscar alianzas con otros sectores.

—Sendero funciona con métodos mafiosos —dice el segundo—. A sus enemigos los amenaza, y cumple con sus amenazas. A los que quiere seducir los protege, les asusta a sus patrones, los mata. Sendero trabaja el miedo como no lo ha trabajado nadie.

Esa noche un corresponsal extranjero me mostrará una copia de un fragmento del video que el ejército encontró, el año pasado, en un allanamiento. Lo habían filmado los senderistas en 1988, tras la muerte de Augusta La Torre, la camarada Norah, esposa de Abimael Guzmán, que provocó una crisis en el partido por la sospecha de que el propio líder la había hecho matar para evitar una supuesta maniobra divisoria de su señora. La versión oficial fue que había sido un suicidio.

Primera escena: en plano general, se ve a la camarada Norah que yace en un sofá. Ha muerto hace poco, su cuerpo no muestra todavía el rigor mortis. Sentado a su lado Abimael Guzmán, el "presidente Gonzalo", le acaricia la cabeza. En ese momento debía tener cincuenta y tres años pero se lo ve viejo, deshecho. La cámara se aleja: alrededor del sofá mujeres vestidas con trajes Mao están arrodilladas en el suelo con el puño en alto. No hay sonido.

Segunda escena: también en plano general, más tarde, ella ya está rígida sobre el sofá, rodeada por Guzmán y otros dignatarios del partido, todos con sus chaquetas Mao. Suenan himnos soviéticos de tiempos de Stalin, su música preferida. Guzmán, como drogado, o bebido, habla con voz estropajosa: "Cuando la camarada Norah en su lamentable alteración nerviosa se enfrentó al partido y vio que lo podía escindir, no vaciló en aniquilarse para preservar la unidad del partido. ¡Y eso es ser comunista, camaradas!"

Tercera escena: con el mismo tratamiento, ella aparece sobre un catafalco, vestida con un traje como de fiesta y rodeada de condecoraciones y banderas. Guzmán está solo, sentado a su lado. Mira a cámara, y pregunta si ya está. Le dicen que sí, entonces apoya el mentón en un puño y se queda inmóvil, pensativo. Plano largo, sin movimiento: el dolor del presidente Gonzalo.

La muerte provocó sospechas, enfrentamientos. El camarada Marcos, un militante que había dudado de la versión oficial, se autocriticaba después en una carta dirigida al "presidente Gonzalo, jefe del partido y la revolución":

"Condeno mi miserable criterio de que era «anticomunista», criterio revisionista que condeno, aplasto y barro —¡oh!—: la c.Norah era implacable luchadora antirrevisionista que entregó su vida por el partido. Este criterio miserable coadyuva a la nefasta y negra posición de que Ud. ha reservado a su inseparable compañera; condeno, aplasto, hago añicos, aplasto y dinamito, rompo con la posición de la c.Julia y el c.David de decir que la c.Norah no se inmoló en defensa del partido y queriendo achacarle a Ud. la miserable acusación de que fue usted quien asesinó a su adorable compañera.(…) Esta es la posición de la derecha del partido que me desligo, rompo, vuelo, cierro filas con Ud., señor presidente…"

El presidente Gonzalo ha aumentado, hace pocos días, su cotización: ahora, el grupo de empresarios que se escuda bajo el nombre de *La fuerza de la ley* ha duplicado su oferta, y dice que pagará un millón de dólares por cualquier información que lleve a su captura.

El cortejo corría demasiado. Había salido de la municipalidad de Villa El Salvador en dos coches con coronas, cuatro o cinco de prensa y una camioneta con el alcalde y seis muchachos sportivos con rayban y tremendas metralletas. Al final, por si las moscas, un patrullero.

—Por acá han de andar los cumpas.

Me dice un poblador.

—¿Quién?

—Los terrucos.

Terruco significa senderista y el cortejo derrapa a setenta por hora levantando polvo entre cholas cargadas de cestas y casillas de estera. Pasa algún triciclo cargado de cañas para hacer una casa. Al fondo, sobre una loma tan árida, tan espantosamente seca como todo el resto, descansa el cementerio.

Villa El Salvador, en la periferia sur de Lima, es la fortaleza de las organizaciones populares de la izquierda y, dicen, el gran objetivo de Sendero en esta campaña: si puede doblegarla demostrará que es capaz de casi todo. Formada hace veinte años por invasores que fueron ocupando unos terrenos yermos y vacíos, ahora tiene trescientos mil habitantes. En el centro hay casas de material y algún vidrio en las ventanas; el resto combina esteras con ladrillos. En 1987 la Villa recibió el premio Príncipe de Asturias de la Paz por sus logros en autoorganización, sanidad, alimentación; aquí era teniente de alcalde María Elena Moyano, a la que llaman la Madre Coraje, una negra de 33 años. El sábado 15 de febrero pasado la mató un comando senderista que, por si acaso, dinamitó su cuerpo.

Ahora, en el cementerio donde la recuerda una tumba vacía, ante las cámaras de televisión, seis funcionarios y una docena de policías y custodios, el alcalde Johnny Rodríguez dice que "Malena ya ha pasado a ser inmortal". El viento se encarniza con la ofrenda floral, le arranca hojas. El cielo es casi tan gris como el desierto. Los fotógrafos se trepan a tumbas fabricadas con piedras y cartones. Otro funcionario dice que "con gran alegría María Elena nos estará mirando con orgullo".

—María Elena, te hemos elevado a símbolo.

Dice, después, en un discurso, su hermana, y termina por ponerse más concreta:

—La suba de precios es una forma de contribuir a la violencia. Hay una gran responsabilidad del gobierno en todo esto.

Marta Moyano es muy parecida a su hermana y, también, militante de Izquierda Unida. Me cuenta que los propios vecinos se instalaron unas cañerías pero no llega agua ni luz. Que la escuela también la construyeron los pobladores.

—El Estado acá es más bien un estorbo.

Y cuando hay estorbos, o decisiones que tomar, los dirigentes comunales tocan el pito para llamar a los vecinos a la asamblea. Ahora, hace una semana, llegó un destacamento del ejército.

—Dicen que para defendernos de Sendero, pero acá la gente desconfía del ejército, los soldados tienen un grado de inmoralidad y de violencia terrible.

Dice Marta Moyano.

—Mi hija de tres años ve un policía y llora.

Marta Moyano tiene 29, el pelo mota, un jean gastado y una camiseta. Ella es de los que piensan que cualquier colaboración con el ejército para combatir a Sendero va a resultar muy difícil, que hay demasiada historia.

—Pero Sendero se ha arrepentido mucho, porque creía que nos iba a asustar y acá no se ha asustado nadies, nadies.

—¿Y no tienes miedo de lo que te pueda pasar?

—En eso está la valentía, en tener miedo y aguantarlo.

Es muy chiquitita, parece tan frágil.

—¿Eres valiente?

—Eso espero.

Al día siguiente, decenas de policías detendrán en Villa El Salvador a un jefe senderista con armas, material para cirugía mayor, documentos y mapas. Pero ahora estamos yendo a un comedor popular, una de las bases de la organización popular —y femenina— de las barriadas limeñas.

La casilla de ladrillos a medio construir no tiene agua ni luz ni desagües y detrás hay un pequeño descampado donde potrean quince chicos en ojotas y calzones, y cuatro cholas sin dientes en ojotas cocinan en dos ollas muy grandes sobre una bombona de gas.

—Gracias a Dios y a María Elena llegamos hasta acá, ayudas que hemos conseguido, la donación de la cocina y la olla grande le debemos a ella.

Dice una mujer con acento del altiplano. En este comedor se juntan dieciocho mujeres que, cada día, ponen ochenta centavos de sol por cabeza para dar de comer a su cría. El comedor pasa de casa en casa —tres meses en cada una— y, cada día de la semana, tres mujeres se encargan de la compra y la cocina. La mayoría ha llegado desde la sierra en los últimos años. Sus maridos trabajan cuando pueden: son albañiles, vendedores ambulantes, changadores, y apenas reúnen el sueldo mínimo de setenta y tantos soles.

—Acá por lo menos comen —dice una mujer muy flaca—. A la tarde a mis hijas les dan el vaso de leche con su pan, y así vamos. Al menos se duermen con su barriga llena.

—Lo único es sobrevivir para nuestros hijos, porque qué vamos a hacer pues.

Pregunta una grandota.

—Pero cuando salimos para trabajar los críos se descuidan y se toman el agua cruda —dice la flacucha— y les da el cólera pues. La mamá estando es otra cosa, pero no estando les da el cólera.

Dice, y me trae un plato lleno de papas y arroz en salsa turbia.

—¿Gusta servirse de nuestra pobreza?

—Cuando se armó el cólera el pescado lo regalaban —cuenta una de las mujeres—. Yo me fui hasta la estación y me traje ocho docenas, y el cevichito comimos varios días.

La epidemia está, según se la mire, controlada o instalada. Pero, en cualquier caso, ya no produce el miedo de un año atrás. El gobierno insiste con sus campañas por la higiene y contra los ambulantes: quienes pueden le hacen caso, y los demás siguen comiendo en la calle y lavándose a salto de mata. Los ricos saben que probablemente no los alcance; los pobres, que el cólera es sólo una parte.

—Son historias creadas por el gobierno para entretener al pueblo —me explica mi oráculo del taxi, el aprista confuso—. En los países grandes hay gente que estudia cómo entretener en nuestros países, con pestes, cosas, pues. Unos se dedican al fútbol, otros a las epidemias, para que la gente se olvide de que no come, pues, y crea que sus males están en otra parte.

El cólera llegó de Asia: aprovechó el mundo encogido, la aldea global, para dar un salto que en sus tiempos nunca hubiera podido: la enfermedad medieval viaja en jumbo. Pero eso es un detalle. En el hospital universitario Cayetano Heredia, uno de los más grandes de Lima, el flujo de enfermos ha bajado notablemente. A principios del '91 entraban unos doscientos enfermos por día; ahora hay veces que no llegan a cincuenta. Y, sobre todo, ha disminuido bastante la mortalidad.

—Hubiera venido el año pasado, ahí sí que estábamos bien —me dice un enfermero joven, divertido—. Habíamos tantos que mandábamos a los viejitos a la sala de tropicales y de ahí enseguidita pues bajaban a la morgue, porque en tropicales tampoco había lugar, ¿ha visto?

De los trescientos mil infectados se calcula que murieron unos tres mil. La sala es clara y no muy grande, llena de camillas y soportes para suero que cuelgan del techo como estalactitas de fierro verde. En cada camilla hay dos o tres enfermos, sentados con su suero, su jarra de agua con sales y su rollito de papel higiénico: son todos oscuros, aindiados.

—Los tenemos sentados todo el tiempo porque si se acuestan se debilitan más.

—¿Y no pueden dormirse?

—Asimismo se duermen, unos contra otros, como elefantitos.

Dice el enfermero y me recomienda que, antes de irme, me lave bien las manos. A la salida hay un piletón, con un cartel que insiste en la higiene. Cuando abro la canilla no sale ni una gota.

Una de las industrias más prósperas del Perú debe ser la de rejas y defensas para inmuebles. La clase media y alta, los antiguos dueños de Lima, ahora viven recluidos en un par de barrios —San Isidro, Miraflores y alguna urbanización ultraexclusiva en las colinas— de los que casi no salen: el resto, el centro, los suburbios, ha sido ocupado. Y sus casas están protegidas con todos los implementos imaginables y los huachimanes, los watching man a trescientos soles por mes porque la policía, a cien por mes, ya no patrulla casi nada.

Debe haber sido dulce, para los blancos, vivir en Lima hace cuarenta años, cuando tenían a los cholos bien atados a la pata de la llama. Sus barrios están hechos de calles anchas y arboladas, grandes casas estilo falso francés o falso californiano o colonial falso. Hay flamboyanes casi obscenos, el mar al lado, las mucamas con cofia. En cada esquina que se precie hay media docena de hombres y mujeres que esperan aquel ómnibus que se fue hace veinte años: los que tienen calculadoras en la mano ofrecen cambiar dólares; los de los atados de winston, obviamente, cigarrillos.

Las calles y plazas tienen nombres tomados de las novelas de Mario Vargas Llosa.

—¿Cuándo nos jodimos, Zavalita? ¿Cuándo se jodió el Perú?

Se preguntaba uno en la *Conversación en la catedral*. Después el señor Vargas empezó a escribir mal y a pensar peor, pero a los dieciséis yo juraba sobre la estructura narrativa de la *Conversación*. Ahora son de él estos chicos símil california que circulan por Miraflores, bien bronceados de correr olas, con bermudas y las últimas zapatillas y un olvido de sangre india que los traiciona en una nariz, en unos labios.

Son una raza menor, los rezagos de un Perú que ya cerró hace muchos años pero sigue hablando norteamericano sin acento y manejando japonés bastante bien. Sólo que ahora, hace diez días, alguien se cargó al más bonito y rudo de todos, uno de veinticuatro y muy buena familia que le dio por vender merca en una Kawasaki Ninja y seducía a la que se le cantaba y la filmaba en video y en pelotas para que papá soltara los miles necesarios para mantener el tren; era bello como un dios de opereta, lo llamaban Calígula, apareció en un baldío con cuatro tiros en el occipital izquierdo y, desde entonces, en las discotecas hay lágrimas que humedecen el stretch de los vestidos negros porque ellas lo aman y se mojan todavía en su memoria y padres en el Club de Regatas que gritan que ya no se puede confiar ni en nosotros mismos, dios bendito.

—Estamos en el Perú, mi hermano. Acá no hay reglas.

Grita otro taxista mientras intenta pisar a un heladero en un triciclo agonizante. Es casi blanco y me cuenta que se compró el taxi vendiendo cartas históricas que un empleado jugador robaba de un archivo nacional. Dice que se guardó algunas, de Bolívar a San Martín, de Bolívar a Santa Cruz, de San Martín a O'Higgins, así tiene un capitalito por si alguno se enferma.

—Acá cada quien hace lo que puede, mi hermano. Esto es el Perú.

Alguien cree que el fin llegará un día como otros. Y que estará nublado, porque siempre está nublado. Ese día algo avanzará poquito y será el fin: el cólera dará un salto triunfal, la pobreza matará otros mil chicos, la guerrilla ocupará veinte kilómetros más. Dice que no se necesita demasiado: sólo un pequeño aumento, casi imperceptible, para que todo se termine. Otros, en cambio, creen que no: que la capacidad de degradación es infinita, que la vida sólo es real al borde del barranco o, incluso, que algo podría mejorar.

La carretera va otra vez entre arena y pedregullo y casillas paupérrimas: es el Cono Este, el suburbio más pobre de la capital, el que ha elegido Sendero Luminoso para instalar su centro de operaciones. Es una ubicación estratégica: una zona con algo de industria y poca presencia de los partidos políticos que, además, permitiría separar a la capital de buena parte del país. Aquí, en San Juan de Lurigancho, está también la gran cárcel de Lima. En Lurigancho hay cinco veces más presos que lo posible pero no hay luz ni agua corriente. Muy de cuando en cuando llega comida para los que no pueden comprarla a los presos traficantes, que venden casi todo. La enfermería no tiene colchones: sobre elásticos, de a dos o tres por cama, unos cincuenta presos van muriendo de tuberculosis o desnutrición. Según datos oficiales, el cuarenta por ciento de los presos mueren de hambre. Cuentan que, en los pasillos, anestesiados por el olor a mierda, presos heridos en reyertas se pasean con los intestinos en la mano o, si hay suerte, en una bolsa de plástico.

Pero en la carretera sólo hay colas interminables, micros destartalados, puestitos de comida. Por aquí se ha instalado mucha de la gente que bajó de la sierra, de la zona de Ayacucho, huyendo de Sendero o del Ejército o de ambos. Ya hacia el fin del camino le preguntamos a un par de policías vestidos de fajina negra con metralletas en la mano por el "asentamiento humano" que buscamos.

—Después del final de la pista, cuando empieza la arena. Con cuidado, vayan. Mucho tuco hay allá, mucho terruco.

A sus pies hay un cuerpo cubierto por diarios y moscas; alrededor, quince o veinte personas miran sin hablar. Le pregunto qué pasó.

—Que hay mucho tuco, le he dicho.

Dice, y señala con la metralleta algo que está en todas partes y en ninguna. Un poco más allá, al final del camino, el asentamiento es todavía más desolado que Villa El Salvador. Alguien me había dicho que su secretario general, Juan S., está con los senderistas, y empezamos a buscarlo. Es domingo a la mañana; se supone que es el único momento en que los hombres están en las casas.

—No, hace rato que se ha ido. Han de estar tomando, ellos. Tomamos, nosotros, los domingos.

Me contesta un muchacho al lado de la casa de Juan S. El secretario general es sastre, con cartel pintado en la puerta; después, cuando lo encuentre junto a la escuela me contará que tiene treinta y cinco años, hijo de unos campesinos acomodados de la sierra que lo mandaron a la ciudad a estudiar para ingeniero. En algún momento su padre perdió un par de cosechas y ya no pudo seguir manteniéndolo y Juan S. tuvo que buscarse un trabajo, una casa, y formó una familia. Juan S. siempre estuvo cerca de los partidos de la Izquierda Unida; ahora, desde hace un par de años, dice que no responde a ninguno.

—A nosotros no nos gusta que el partido nos diga qué hacer. Nosotros siempre hemos actuado independientemente de cualquier imposición.

Dice, en plural mayestático. La arena se revuelve, se mete en las narices. En muchos puntos del asentamiento, entre las casillas a medio construir y las calles anchas y secas, se ven las banderitas rojas sobre palos largos que va colocando Sendero para marcar el territorio, y que nadie saca.

—Anoche fue que pusieron muchas. Nosotros estábamos en una asamblea y alguien viene y dice que están poniendo sus banderas. Qué quiere que haga, es problema de ellos. Nosotros seguimos, pero un grupito de cinco sale a tirarles piedras u ellos responden con una dinamita. ¡Buuum!

Cuando me quise dar cuenta no había más nadies en la asamblea. Y qué hacemos nosotros con las piedras. Y si tuviéramos armas, tampoco estamos preparados. Ellos están más preparados, militarmente e ideológicamente.

Juan S. es flaco, serrano, con los ojos más chiquitos del barrio. De una radio sale salsa y después la propaganda de cerveza Cristal. Hace quince días se instaló en el pueblo un destacamento del ejército, pero la gente dice que se han encerrado en el local comunal y casi no se mueven. De noche, dicen, no salen ni diez metros.

—A nosotros no nos hicieron nada. Dieron vuelta a un tipo del mercado, lo mataron, pero qué puedo hacer yo, yo no lo he matado. Averiguamos por qué lo habían matado. Había ocurrido que quince días antes él había querido enfrentarlos cuando ellos vinieron al mercado a hablar por el parlante. Y ahí vino la venganza. Que él vea su problema, nosotros nuestro problema. Otro día, ni bien llego al local entran dos y me dicen somos miembros del Partido Comunista del Perú y queremos el parlante. Ahí está el parlante, le decimos nosotros, y que lo usen.

Detrás de las casas, a unos quinientos metros, hay un cerro pedregoso. Desde hace rato que pasan, caminando hacia el cerro, grupos de dos o tres hombres que cargan esteras enormes. Las compran del otro lado, junto al camino, y las plantan en cualquier saliente del cerro. Les dan forma de cubo o de iglú, y se instalan allí. En el cerro no hay absolutamente nada, ni sombra, ni un caminito, sólo piedras que hay que apartar a fuerza de brazos. Con este sistema de invasiones empezaron todas las barriadas limeñas.

Juan S. me habla un rato largo de reivindicaciones comunales, del agua, el desagüe, la escuela. Cuando le pregunto si él está de acuerdo con Sendero las respuestas son vagas, dice que hay cosas y problemas y mucha calumnia y la violencia de la policía.

—Nosotros no sabemos perfectamente qué es lo que quieren, el tiempo lo demostrará. Acá han dado vuelta a algunos choros y el barrio se ha normalizado, tranquilizado la zona. Ellos han identificado a las personas, las han esperado y las han dado vuelta y les han dejado sus carteles al cuello: muerto por ladrón, muerto por soplón. Y esta situación ha repercutido acá, ya no roban acá. Así que nosotros dijimos: tá bien que los hayan matados.

—Sendero sabe manejar la necesidad de la gente de que se establezca un orden público que el Estado no siempre asegura —me dirá, después, Gustavo Gorriti—. Toman medidas simples, pocas y drásticas, y suelen tener efecto. Agarran a los maridos o las mujeres infieles y los reprenden, después les cortan el pelo y si siguen sin hacer caso les dan latigazos. Si tú agarras a un borracho ocioso que tiene varias mujeres, tendrás el apoyo inmediato de la población femenina del lugar. Y así sientan claramente un principio de autoridad, que es lo que mucha gente quiere.

Gustavo Gorriti es un periodista e investigador que ha publicado el libro más documentado sobre Sendero Luminoso —y detesta que lo llamen senderólogo. Tiene unos cuarenta años y un cuerpo robusto de yudoka, barba entrecana y un huachimán en la puerta de su casa de Miraflores, un perro killer y el revólver en una faltriquera de plástico que le cuelga del cinturón.

—Estamos en una guerra muy real y hay que aceptarlo: por eso vivimos así.

—Los senderistas ocupan más y más posiciones porque están en guerra; nosotros, en cambio, todavía no nos hemos dado cuenta de que lo estamos —me había dicho, antes, en la municipalidad de San Juan, Isabel Coral, una socióloga de Ayacucho que trabaja con los "desplazados" que viven en el cono este—. La que tiene que reaccionar es la sociedad civil, aliada con el Estado. Es difícil aceptar al ejército como aliado, y hay que tratar de ponerle condiciones, pero no se puede dejar de enfrentar a Sendero. Y la respuesta está saliendo de la organización social, de los nuevos movimientos sociales: movimientos de mujeres, que se ocupan de la salud, de la alimentación, de la organización vecinal; o los movimientos de pequeños productores artesanos, talleristas; las juventudes populares que empiezan a aparecer con fuerza, reemplazando a las juventudes estudiantiles, de clase media.

Isabel Coral se entusiasma, se enciende y habla, por supuesto, también de María Elena Moyano. Como Gorriti:

—María Elena es el primer error grave que comete Sendero en doce años. Y es la primera heroína clara, con un mensaje evidente, que esta guerra ha producido. Si la sociedad aprovecha la oportunidad, y reacciona, puede ser el germen de la gran derrota de Sendero Luminoso.

—Te veo optimista.

—Te digo: puede ser. O puede perderse en el vacío, y entonces quién sabe lo que puede pasar con el Perú.

(1992)

Soportar el tiempo del viaje. Hay un primer momento, gozoso, en que se logra romper del tiempo la continuidad inconmovible: viajando de Hong Kong a Londres, mi 10 de noviembre de 1991 tuvo treinta y dos horas, y otras veces he tenido días de quince o veintinueve. El tiempo, entonces, se estira suavemente o se contrae, pierde esa majestad de mármol que es su bien más monstruoso: se hace muy ligeramente falible.

Pero, una vez salvado ese tropiezo, el tiempo del viaje se vuelve un modelo a escala y despiadado del tiempo de una vida: hay un límite más o menos cercano, todo debe ser hecho en el apretado espacio de equis días sólo que, en este caso, el límite es explícito, se lo conoce de antemano. El viajero es siempre un condenado y el tiempo y su desliz se vuelven aún más angustiosos y aparece —se me aparece— la obligación de aprovechar a ultranza todos los momentos. Y todos los espacios: en tantos lugares, obscenamente la certeza de que uno nunca volverá. Modelo vergonzoso del aprovechamiento: la rentabilidad. Caricatura: una pareja joven —quizá recién casados—, argentinos, en un ómnibus que atraviesa las sierras que rodean a Madrid, yendo a Segovia. Hay montañas nevadas, pinos como sables. Por lo que dicen, está claro que han llegado a España dos días antes, que no han parado en su afán de "hacerlo" todo, y que ahora ella se derrumba de sueño. Él la sacude.

—Disfrutá del paisaje, Mabel. ¡Disfrutá del paisaje!

Y lo que debe ser disfrutado es, sospecho, menos lo novedoso que lo irrepetible: el espacio se arma de la calidad más artera del tiempo y se vuelve, también, fugitivo, perdido al encontrarlo.

La patria 1
CADÁVERES EXQUISITOS

Los masagetas eran un pueblo del Asia Menor, y Herodoto un señor griego que se dedicó a pasear por el mundo del siglo VI antes de Cristo y a contar mentiras para inventar la Historia, regodeándose en la barbarie ajena para sentirse el colmo de lo civilizado. "Así lo supe y así lo cuento", solía escribir Herodoto, "y el que quiera creerme que me crea", desafiaba, conociendo de la verosimilitud los mecanismos más audaces. Y contaba, entre tantas otras cosas, que "los masagetas no tienen término fijo para dejar de existir; pero si uno llega a decrépito, reuniéndose todos los parientes lo matan y, cociendo su carne, celebran con ella un gran banquete. Este modo de salir de la vida se mira entre ellos como la felicidad suprema y, si alguno muere de enfermedad, no se hace convite con la carne, sino que se lo entierra con grandísima pesadumbre de que no haya llegado al punto de ser inmolado y comido por sus descendientes".

La muerte es una extaña ausencia, una superficie impenetrablemente pulida, y hay quienes dicen que es también el primer espejo en el que se mira una cultura para ir pintando sus rasgos, su largo maquillaje. Cuando la muerte dejó el territorio ingenuo de la naturaleza para entrar en lo sobrenatural, aquellos australopitecos tuvieron que inventar algunos trucos para que tantos despojos no quedaran decididamente perdidos, para seguir aprovechando sus potencias. Hoyos, túmulos, llamas, ríos, cavernas, pirámides y otras variedades de la tumba cumplieron también la función de la manduca masageta, una de las más primitivas, la más entrañable. Se podía fagocitar al hermano para no perderlo, para ofrecerle un alojamiento seguro y ganar sus cualidades y asegurarse al mismo tiempo de que tan bella cárcel no le permitiría interferir demasiado con los vivos; se podía ingerir al enemigo para apropiarse también de su fuerza, su valentía o su destreza. El tarascón en el muslo del prójimo es una forma de apropiación absoluta, una comunión sin fisuras entre las vidas del vivo y el muerto.

Y si la historia de los pesares del hombre empieza para los cristianos con el mordisco a una manzana harto improbable, los pesares de la historia de estas tierras del sur también empiezan con un mordisco, pero en la encarnadura de un cristiano.

Juan Díaz de Solís, sevillano él, y saleroso, se llegó hasta el Mar Dulce en febrero de 1516, cuando nada de todo esto era tal todavía. Navegaba en tres carabelas, como corresponde, y cuando unos inverecundos charrúas le hicieron señal de bienvenida, saltó presto a la orilla con su cruz y su espada para caer sin más trámites sobre las brasas de un festín: él era el plato fuerte.

Sus compañeros, que lo vieron transformarse pausadamente en manjar desde la nao, contaron después al mundo de los que enterraban a sus muertos que la historia argentina había empezado so forma de un asado de capitán con cuero.

—Humea, mi alférez.

—¿Y qué querías, que cantara zarzuelas?

—Es que estos tíos son muy salvajes.

—Pues anda que tú...

Desde entonces, las tierras del Plata nunca dejaron de echarse su ración al buche. Veinte años después, un tal Mendoza se apropincuó a esta playa con dieciséis navíos, un millar de fulanos, algunos caballos, muchas vacas, su concubina y el morbo gálico colgándole ominosamente en la entrepierna. Primero pasó unos días en la bahía de Santa Catarina, donde dejó el cadáver de un traidor a manera de ofrenda. Después, en esta parte, fundó un puerto y repartiólo. A pocos meses el hambre era canina. Ulrico Schmidel, un bávaro que era de la partida, escribió sobre Buenos Aires las primeras letras que encontrarse puedan, por supuesto que en alemán: "Sucedió que tres españoles habían hurtado un caballo, y se lo comieron a escondidas, y esto se supo, así se los prendió y se les dio tormento para que confesaran tal hecho; así fue pronunciada la sentencia que a los tres susodichos españoles se los condenara y ajusticiara y se los colgara en la horca. Ni bien se los había ajusticiado y cada cual se fue a su casa y se hizo de noche, aconteció en la misma noche por parte de otros españoles que ellos han cortado los muslos y unos pedazos de carne del cuerpo y los han llevado a su alojamiento y comido. También ha ocurrido en una ocasión que un español se ha comido a su propio hermano que estaba muerto. Eso ha sucedio en el año de 1536 en nuestro día de Corpus Christi en el susodicho pueblo de Buenos Aires", contaba, entre otras cosas, el germano. El menú, de todas formas, no debía ser tan raro: pocos años después, Felipe II firmó un indulto real para todos los que habían comido carne de gente, "forzados por los trabajos del descubrimiento".

La religión cristiana empieza con el misterio de un cadáver desaparecido. El joven Jesús no aguantó más de tres días la tumba que le prestó José de Arimatea, voló y, a partir de allí, alguien supo convertir la derrota de esa muerte infamante, reservada a esclavos y bajos criminales, en la victoria de una decisión. Desde entonces, los fieles del perdedor con gloria se reunieron en sus ecclesias —asambleas— para fagocitarse el cuerpo y la sangre del Hijo del Padre en un ágape repetido como una letanía.

—¿Para hoy qué tenemos, Marcelino?
—Yo me llamo Aldebrando, padre.
—Ya. Pero por una rima soy capaz de cualquier cosa.

Las iglesias fueron, durante un par de siglos, fundamentalmente comederos del espíritu. Después vino una señora Elena que se alió con un sueño —tal como suelen hacerlo las mamás— para convencer a su hijo Constantino Imperator de que in hoc signo vencería, y le cargó la cruz. Entonces, como el imperio ya era de Cristo, la señora Elena se fue a Jerusalem a inaugurar las procesiones a santos lugares y allí le vendieron un madero de la Santa Cruz, un par de clavos y algún otro utensilio de la cocina mística. Alguien acababa de inventar la reliquia, que hasta entonces no era más que una palabra latina que significaba despojo. De ahí en más el templo cristiano fue concebido como una suerte de gran relicario, una caja de piedra fundada y legitimada sobre algún pelo, diente, hueso o enser de santo varón o, en su defecto, santa hembra —que también las hubo, pero menos. La señora Elena, a todo esto, también se recibió de santa, años más tarde.

La ingestión o la conserva no son, finalmente, sino dos ardides distintos para apropiarse de un cuerpo que ha perdido su alma, dos formas simbólicas diferenciadas por sus distancias relativas frente al objeto simbolizado. En América, la muleta que ayudó a dar el paso de una a otra fue también una dama.

Se llamaba Isabel, la llamaban Rosa y ella terminó nombrándose Santa María para demostrar que ya desde chiquita tenía un proyecto firme como estaca en corazón de vampiresa. Había nacido en Lima y en 1586 y a sus cinco añitos ya había hecho voto de perpetua castidad, se negaba a cualquier juego y tañía la vihuela bajo la parra para ranas, pajaritos y otras aves que iban volando y se paraban a escuchar. San Francisco no lo habría hecho mejor, pero en su casona colonial le resultaba harto difícil encontrar hermanos lobos, así que decidió que el hombre es el mejor lobo para el hombre y, cuando sus padres descubrieron que ya estaba fondona y había que casarla, se negó sin ambages.

Ella tenía más alto novio en perspectiva y una carrera de mística sin fisuras que no debía descuidar. Fue en esos días de nubes y humedad limeñas cuando cortó de raíz sus cabellos abundosos, que tanto la hermoseaban, por lo cual sus padres y hermanos se enojaron aún más y la pusieron a trabajar de cenicienta en la cocina de la casa, con grave riesgo para el santoral. Pero Rosita persistía: cada semana se encerraba en el oratorio los jueves a la mañana, se desmayaba de puro trance místico y no volvía en sí hasta el sábado pasado el mediodía, lo cual la hacía particularmente inapta para las tareas del hogar.

Hasta que se le dio por imitar al pie de la letra los sufrimientos de su señor Jesús y andaba por la vida con una cadena cerrada con candado alrededor del talle, un aro de hierro con noventa y nueve púas ciñéndole la testa así rijosamente coronada, hiel y vinagre como aperitivos de su ayuno y, en memoria del sepulcro desertado, una hendidura o raja de dos por uno y medio donde pasaba lo más claro del día y de la noche. Una tarde, una deslenguada le alabó las manos y ella se las lavó ipso pucho con cal viva, pilateando de tal suerte toda posibilidad de la belleza de su cuerpo, que por lo visto le importaba demasiado.

—Esa naricita tuya me aturula, Rosita, me enloquece.

—Pues ahora mismo se la entrego, señor, envuelta en paños.

—¿Sabes que te venero?

Porque Rosa, además, tenía don de milagros, profecía con buen nivel de éxito estadístico, lectura veloz de corazones ajenos, analfabetismo con respecto al propio y unos éxtasis muy largos y bien hechos a los que se entregaba sin el menor preámbulo. Así que a los veinte, cansada ya de interferencias, se fue para el convento, tomó el hábito y se entregó a los mejores esponsales a cambio de un anillito que decía "Rosa de mi corazón sé mi esposa", y firmaba "Jesús", a secas. Siete años fueron de gozo, en los que nadie interfirió su disfrute de todo tipo de abstinencias y martirios hasta que se murió, como era menester. Entonces la velaron y rezaron en una iglesia de Lima donde miraculosamente su cadáver recuperó la belleza que su espíritu nunca le había permitido: se transfiguró, cuentan los que cuentan, y el despojo se puso radiante, esplendente, buenorrísimo, lo cual probaba de una vez y para siempre sus negocios con el Más alto y los fieles ya no pudieron resistirlo: le feligresía enfebrecida se abalanzó sobre los restos de Rosita y todos los guardias del virrey del Perú sólo pudieron impedir que se la llevaran entera, pero no que algunos trozos de su impoluta carrocería terrena quedaran en manos de místicos buscadores de un seguro para el más allá. Así, con un motín casi caníbal, se inauguró en América la era de la reliquia, del cadáver o fragmento de muerto como estandarte para las lides de este y otros mundos. Que duró siglos, y dura todavía.

—¿Usted cree que de veras me alcanzará con un molar picado?

—Hijo mío, los designios del Señor son inescrutables.

El calvo galo Michel Foucault se mostraba quizás excesivamente fucoltiano cuando decía que el suplicio y la exhibición del cuerpo de los condenados es un signo que desaparece con la llegada de la justicia moderna, a fines del siglo XVIII. En estas Provincias Unidas, la Asamblea del año XIII también abolió tales regocijos populares. Sin embargo, el siglo pasado argentino resulta una vidriera de cuerpos *ajusticiados*, cadáveres que debían servir como materia de reflexión para quienes aún paseaban los suyos sobre sus zapatos con hebilla. Si la fagocitación por vía gastrointestinal o tumba fría implicaba el enriquecimiento y la tranquilidad de la apropiación, si la conservación so forma de reliquia daba a esa apropiación un grado mayor de abstracción y simbolismo, la posesión y exhibición del cuerpo del enemigo derrotado agregaba a esta apropiación un tono didáctico, de amenaza o advertencia sobre la fuerza propia. El cuerpo de cualquier condenado pendiendo de una soga o su cabeza con una pica por larguísimo cuello alertaban desde el poder de quien allí los instalaba a los peatones sobre los riesgos de ciertos tráficos no autorizados por la ley, que siempre es del más fuerte. El semáforo carroñero, invariablemente mal sincronizado, reguló buena parte del tránsito social y político de los caminos de aquel país decimonónico. Sobre los detalles de su funcionamiento se puede preguntar, entre tantos otros, a unos que se llamaban a sí mismos los Libres del Sur, un grupo de hacendados menores de Chascomús que dieron el Grito de Dolores contra don Juan Manuel hacia 1837, y los corrieron como a conejos. Los lideraba un tal Castelli, Pedro (hijo) y un tal Rico, Manuel (¿ancestro?). Rico se escapó, como siempre, y siguió agitando la campaña, pero el señor Castelli fue prolijamente atrapado, degollado y su cabeza puesta en una pica en la plaza de Dolores, donde se quedó ocho años sin la menor protesta, con la impavidez de un caballero, hasta que se cayó al suelo una tarde de tormenta y la robó la parda Mama Pancha, fámula correntina que le rezaba algunas noches entre velones y lagrimitas. Porque, de Cristo en más, desde que la reivindicación de un tormento cambió los marcos ideológicos de Occidente, todo cuerpo supliciado puede ser leído, también como un ejemplo inverso, como una incitación a la grandeza supuesta del sacrificio y el martirio, y devenir reliquia. Es un problema de lecturas, de alfabetos relativos.

Por eso el cadáver ilustre, estandarte de diversos usos, debe ser conservado aun a costa de hercúleas privaciones.

—Jiede, mi capitán.
—Ha de ser la mula.
—Sin duda.

Cuando una bala perdida y federal alcanzó la cabeza de Juan Galo Lavalle, en Jujuy y 1841, el general estaba acompañado por unos pocos y su amante Dámasa Boedo, hija y hermana de dos salteños que el prócer había mandado a fusilar semanas antes, porque los próceres son sobre todo caprichosos. Ellos y ella y el ciego Samedi montaron el cadáver en la mula y emprendieron el viaje por la Puna para evitarle al muerto la picota de una derrota última. El ciego se empeñaba en adornarle el recorrido con diatribas sobre los infiernos que el muerto, ya ubicado en el suyo, despreciaba con la delicadeza de los que ya saben. Después, como hedía por demás, lo descarnaron y enterraron sus fibras delicuescentes en la iglesia de Huacalera, entre angelotes pintados con arcabuz en ristre, y sus güesos, celosamente custodiados y trabajosamente arreados, llegaron tras traspiés numerosos hasta Potosí, en cuya catedral encontraron osario con horario corrido y gran fanfarria póstuma. Años más tarde, en 1958, sus cenizas se recolectaron y fueron trasladadas hasta la Biela, o como si. Y seguía el tráfico.

Con todo este abanico de posibilidades retóricas, erigidos en fundamento de una cierta libertad de expresión, los cadáveres argentinos fueron aumentando constantemente su valor de uso e, incluso, su valor de cambio. El cadáver como ejemplo o reliquia es un concentrado de historia, una síntesis fácilmente transportable de muchos años de arengas, milagros y batallas. Y también, por supuesto, de otros regocijos más personales.

Quizá por eso los robos de cadáver con pedido de rescate fueron inaugurados en la Argentina desde la órbita de lo privado. En una noche de agosto de 1881 cinco enmascarados bien capados sustrajeron con nocturnidad y alevosía de la Recoleta un cadáver acaudalado y muy rumboso, el de doña Inés de Dorrego, sobrina de su tío. Su hija, al otro día, recibió fina esquela solicitando por el despojo dos millones de pesos "o sea, 80.000 patacones, si quiere que los restos de su finada madre sean devueltos intactos y respetados al santuario, sin que nadie sepa lo sucedido", sugerían los raptores y firmaban: Los Caballeros de la Noche.

Los tales caballeros, tributarios de cierta mitología romántica, eran poco avezados y cayeron rápidamente en brazos de la ley. Pero no pudieron ser condenados, porque en el Código Penal no había leyes que penaran los hurtos de fiambres y en esa época todavía no se aplicaban leyes nuevas a los hechos viejos. Así que salieron libres y poco después apareció en el Código un artículo 171 que sanciona con seis años "al que sustrajese un cadáver para hacerse pagar su devolución".

Durante la primera mitad de este siglo, los cadáveres parecieron haber vuelto a la órbita privada: petisos orejudos y otros descuartizadores recordaban de tanto en tanto al respetable público que un muerto sin cuerpo muerto más que muerto es un perdido. Esto, salvo algunos casos aislados, como los dientes de Belgrano robados por los ministros Joaquín V. González y Pablo Riccheri cuando lo exhumaron en 1902, o el constante pedido de retorno de los restos del general de Rosas, porque todo cuerpo fuera de su lugar, aún no apropiado, es un cuerpo inquietante que no ha completado su ciclo, un ánima que puede rondar las noches y perturbar los sueños de los vivos. Hasta que vino el General.

La señora María Eva Duarte de Perón murió a la misma edad que Cristo, tras renunciamientos y calvarios, y su cuerpo quedó en manos de un doctor Pedro Ara para que la embalsamara en aras de algún ara o templo proyectado. Los militares argentinos, tan cristianos ellos, sabían del poder de la reliquia: por eso el general Perón la quiso embalsamada, por eso otros generales decidieron hacerse con su cuerpo, y desparecerlo.

Durante años, estampitas en altares domésticos evocaron la ausencia de ese cuerpo perdido, cuya residencia en la tierra era un secreto que se transmitía celosamente a quienes alcanzaban la suma del poder. Un general de bigotes se calzaba por fin la banda de las tres tiras y le contaban, como culminación y contraseña, dónde estaba el cadáver de la Eva.

Dicen que la señora, travestida en viuda de Maglio —mes patriótico donde los haya—, reposó sus desvelos en un cementerio de Milán. Y que su entrega fue uno de los puntos que negoció su ex marido con los enviados de su colega Lanusse. Pero es público y notorio que, como el cuerpo de marras no se hacía presente, unos así llamados Montoneros robaron un cadáver vasco que ya habían matado, para que el trueque fuera equitativo. Y la señora Eva finalmente volvió y fue —a la Chacarita.

—Esos papeles —dice.

Lo miro.

—Esa mujer, coronel.

Sonríe.

—Todo se encadena —filosofa.

Hay un cuento —excelente, mayor— sobre esta historia. Rodolfo Walsh escribió "Esa mujer" mucho antes de ser asesinado, es decir: de *desaparecer*. El escamoteo del cuerpo de Eva prefigura de alguna manera el de los desaparecidos. Cuando un cadáver enemigo se esconde en vez de ser exhibido como documento de la propia potencia es que el temor a la función sacrificial o relicaria prima sobre el interés por la función ejemplarizadora del escarmiento. Si la exhibición supone una presunta debilidad que quiere legitimar su fuerza, el ocultamiento habla de una fuerza supuesta que no acepta legitimar su debilidad. Un cadáver *desaparecido* no puede ser apropiado por sus deudos pero tampoco sus victimarios lograrán apropiarse de sus potencias, fagocitarlo en la mejor tradición occidental y cristiana. La desaparición intenta una suerte de puesta entre paréntesis, ilusoria por aquello de que todo muerto debe tener su lugar y su función, y de muertos errantes se han poblado siempre las pesadillas, los horrores. Y nunca fueron los muertos los que enterraron a sus muertos.

Ahora hay manos desechas de su cuerpo y ya las hubo antes: cuando los desaparecidos todavía no desaparecían, hubo manos que ocuparon el lugar de unos cuerpos: cuando el

ERP intentó tomar Monte Chingolo, en diciembre de 1975, las fuerzas del seguro mataron combatientes y vecinos. De sus cadáveres, sólo las manos fueron entregadas a sus familias, como resto de unos cuerpos que ya no eran confesables.

Ahora, un par de manos ha desaparecido, y hay conmoción. Con cierta lógica, por las manos del caudillo se dice misa, se llora sobre las reliquias ausentes y se habla de profanación. La Real Academia, además de limpiar, fijar y dar esplendor, dice que profanar significa "tratar una cosa sagrada sin el *debido* respeto" o "hacer uso *indigno* de cosas respetables"; el uso de estas manos parece, sin embargo, de lo más digno, es decir: apropiado. A través del vuelo de sus manos, el cadáver de Perón retoma un lugar en la gran farsa patria, vuelve a salir a escena y a decir y a agitarlas, vuelve a medir con ellas el gran miembro del pueblo, como cuando el balcón. La ausencia de la reliquia fuerza al recuerdo de la reliquia que se estaba olvidando, a su revalorización, y la reliquia existe porque, entre otras cosas, relativiza la muerte del muerto: le permite seguir actuando, en tanto uno de sus fragmentos sigue actuando. (Y dan ganas de recordar aquel famoso "pensamiento mágico" que explicaba todo, y preguntarse si no habría analizado una vez más todo esto como "otra maniobra genial del General".)

Es notable que este vaivén de cuerpos difuntos haya sido reintroducido por el peronismo, al que siempre tocó, en la famosa antinomia, el lugar de la barbarie. El mundo se ha ido *civilizando*, es decir: tupiendo los velos, disimulando sus formas más salvajemente seductoras: la civilización es la forma más desvergonzada del pudor. Hoy, cualquier masageta que se comiera a su señora en escabeche sería encarcelado, cualquier Pedro II de Portugal que obligara a sus cortesanos a besar la mano del cadáver de su mujer sentado junto a él, cada vez que los recibía, sería internado y electroshockeado. La civilización es el estiramiento de las distancias entre el símbolo y lo simbolizado, pero hay veces en que ese estiramiento cede tanto que da el salto cualitativo de la verja e invierte su signo: el símbolo pasa a servir para olvido de lo simbolizado, para su anulación. Tal sucede con la muerte en las *sociedades modernas*. Hay quienes se quejan de que "la Argentina no asume su historia". A veces, resulta que un buen lote de esa historia, el proceso de ingestión de sus cadáveres, da alguna señal de su tarea difícil, trabajosa: ante estos eructos de la historia, hay quienes se tapan la boca con meñique rizado y solicitan entre rubores el perdón de la amable concurrencia. Otros, tal vez, piensen que darle de tanto en tanto la mano a ciertos muertos, pedirles una mano para que descorran ciertos velos es también una manera de penetrar olvidos, una forma en acto de la memoria: caprichosa, falaz, irracional, como siempre el recuerdo.

(1987)

La patria 2
Dos, tres, muchos Guevara

Guevara es uno de los primeros argentinos que triunfaron en el exterior.

Hay una imagen de Ernesto Guevara que es el Che. Es esa imagen infinitamente repetida, impresa, pintada, embanderada, de una cara acuciante entre barbas, una boina, una estrella y los pelos al viento. Esa foto, esa imagen, resumió para muchos durante mucho tiempo la actitud por tomar: la mirada segura enfocada allá lejos, en las luces por venir, la definición de esa boina y esa estrella y la determinación de los pelos flameados por el viento de la Historia. Esa foto era una forma de estar en la Historia. Esa foto fue tomada en un acto protocolar, en una tribuna de altos funcionarios en La Habana, Cuba, 1961.

Hay unas pocas imágenes que son lo que no parecen, pero no hay ninguna que sea lo que parece. Hay, sí, gran mayoría de imágenes que ni siquiera parecen, que no figuran, no imaginan.

Ernesto Guevara se murió, fue fusilado una mañana, en un pueblito boliviano, después de su derrota y al día siguiente de lo que luego sería su efemérides, y eso parece darle cierta impunidad diplomática. Oh muerte, que todo lo lavas, que todo purificas. No me alcanza. Muchos amigos míos también se murieron en las guerras. No le debo nada a ENTel, ni a mis muertos: eran —intento pensar— gente como yo que, simplemente, se empecinó más, se equivocó más, creyó más, tuvo menos suerte. Nada de esto logra santificarlos, ni condenarlos. La muerte no debería cambiarlos demasiado. Salvo en las historias muy mal contadas, o en los mitos, una sola muerte no tendría por qué cambiar toda una vida.

¿Qué culpa, qué parte de culpa tiene Ernesto Guevara en la muerte de ellos? ¿Qué mérito, qué parte de mérito tiene Ernesto Guevara en la muerte de ellos?

—Murió.
—Sí, pero su muerte no ha sido en vano.
—No, claro. Fíjese, por ejemplo, todos estos artículos.

Diversas ideologías del sacrificio: en algún momento, en este país, fue un lugar común comparar a Guevara con Jesús. Para eso habría que poder demostrar que Guevara edificó su muerte tan cuidadosamente como el galileo, que tan escrupulosamente como él se dirigió hacia la traición final, que tan ominosamente reclamó la pasión y el sacrificio, que tan firmemente creyó en la potencia redentora de esa muerte. Y no es fácil. Además, Jesús fue un héroe, en sentido estricto.

Se pregunta: ¿quién ha dicho yo, alguna vez, de forma tal que nunca más podrá volver a decir nosotros?

El héroe es único. El héroe sirve para fundar un linaje, una historia, una continuidad, pero es héroe porque es inimitable, irrepetible. Muchos griegos de entonces conservaban en el fondo de sus oikoi una llama encendida en honor a Heracles, pero ninguno de ellos habría pensado nunca en enfrentar con la sola fuerza de sus manos al león de Numea, por ejemplo, o a las cincuenta cabezas de la Hidra. El caudillo moderno es el héroe-por-ser, el jefe en acto, y su posición se funda en un pacto que supone también su unicidad. El jefe ocupa el lugar que sólo por él puede ser ocupado, y así lo entienden quienes lo aclaman y entronizan como jefe: es jefe porque no hay nadie como él. La identificación tiene límites muy precisos. Guevara, en cambio, propició una imagen que proponía la necesidad de su repetición ad infinitum.

Crear dos, tres, muchos Guevara, esa fue la consigna.

Ernesto Guevara puso su nombre y su figura como mascarón de proa de una cierta idea de la revolución —y lo sabía, y lo utilizaba, y lo escribió incluso alguna vez. Sin embargo, Guevara fue héroe por inconveniencia, por derrota, por error de cálculo: él se proponía como modelo, y la idea de modelo presupone su imitación, su reproducción. El modelo requiere la emulación. Guevara no demanda de sus seguidores, de sus subordinados, la admirada sumisión —que no es poco. Les exige la semejanza, el esfuerzo supremo de la similitud: los compele a que sean como él. El pedido es (casi) irrealizable, por definición, por esencia, pero, al mismo tiempo, es mucho más apetecible, movilizador. Un jefe pide la identidad —cuestiona desde su lugar de jefe su lugar de jefe, y por eso lo es, y por eso no.

Y siguió siéndolo. Porque parece que se necesita siempre que en todo grupo o aunamiento se dé una persona que lo personifique, una máscara que lo enmascare y le dé rostro.

Se pregunta: si es inevitable buscar un padre para delegar, para afiliarse: ¿qué mejor padre que un padre muerto?

Se pregunta: ¿quiénes, cuántos, quisieron ser como Guevara antes del 9 de octubre de 1967, como Guevara vivo? ¿Quiénes, cuántos, como Guevara después, Guevara mítico?

Hay una frase con sintaxis de maldición que quizá se podría pensar como proyecto. Ícono serás, dice, ícono serás. Pero es difícil pensarla como proyecto.

El jefe se realiza en la concreción, en la victoria y el logro. El mito no, el modelo no. Lo temible de toda revolución es su triunfo, el momento que la enfrenta con la necesidad de dar a sus palabras hechos, realidad a sus propósitos. Es el momento de júbilo fatal que (casi) ninguna revolución ha podido sobrellevar. Ernesto Guevara ganó la revolución cubana, entró en triunfo, se hizo ministro, se recostó a tomar mate para la posteridad, intentó construir una economía para islas y hay quienes dicen que entonces perdió alguna batalla. Tras lo cual se fue al Congo y a Bolivia, a demostrar que también del triunfo hay una huida posible, que la concreción también podía quedar como objetivo, que la revolución podía no ser la causa de una consecuencia sino un camino en sí. Quizá Guevara haya demostrado que el revolucionario puede triunfar y evitar la confrontación con el triunfo, ese largo momento de la desesperanza.

Se pregunta: ¿no es cierto, acaso, que el fin justifica los medios sólo mientras el fin no sea alcanzado?

De tal suerte, una vez más, de tal muerte, Ernesto Guevara evita convertirse en jefe, y se salva como modelo. Y se instala en otra idea del tiempo: tras el final, tras la victoria, habrá la posibilidad de otro principio. Así, Guevara inscribe casi motu proprio su proyecto en el tiempo cíclico y tranquilizador del mito, de lo que no necesita confrontarse.

—Quizás hablar de Guevara ya no tenga sentido.
—Quizás.
—Pero seguramente habría que hablar de quienes imitaron su modelo.
—Seguramente.
—¿Vio? Estábamos de acuerdo.

Hace un año publiqué una novela, encabezada por varias frases; una era de Guevara, de su diario boliviano: "Este tipo de lucha nos da la oportunidad de convertirnos en revolucionarios, el escalón más alto de la especie humana, pero también nos permite graduarnos de hombres". Algunos creyeron que era un homenaje; otros, una ironía; otros, aun, una referencia al contexto histórico. Los sesenta se engañaban cuando cantaban que la respuesta está flotando en el viento, como una cabellera. La respuesta, si la hay, está en cada mirada. Y los ojos de Guevara están en esa foto, congelados, en esa tribuna de La Habana que parecía la Historia.

(1987)

La patria 3
San Ernesto de La Higuera

Ellos tienen una versión de la historia:

—Si no somos ninguno, nosotros. Purita nada, somos, y, gracias a él, ahora somos históricos.

Lo piensan todos y lo dirá don Vítor, mucho después: cuando lo vea en La Higuera. Hace seis horas que estoy saltando a lomos de un jeep destartalado que avanza por caminos de piedras y barrancos hacia Valle Grande. Valle Grande es un pueblo de cinco mil habitantes a 250 kilómetros de Santa Cruz de la Sierra, entre montañas, y por el camino se van cruzando vacas flacas, algún burro, cardones y ranchitos de adobe en formación confusa. A Valle Grande llegó, el 9 de octubre de 1967, desde La Higuera, el cuerpo de Ernesto Guevara atado a las patas de un helicóptero.

—En muerto recién lo apetecieron al pobre, decían que era un buen hombre. Pero en vivo no lo quisieron, nada lo quisieron.

Don Cadima tiene 72 años, las carnes macilentas y una gorra de béisbol amarillo rabioso. Don Cadima es zapatero y fotógrafo y relata, varias veces por día y por persona, que hace veinte años estuvo en Mar del Plata, que conoce el mar. Poco antes, en el '67, los militares le pusieron un par de soldados en su laboratorio de Valle Grande para vigilarlo mientras copiaba los negativos que encontraron en la mochila de Guevara, esas fotos borrosas de campamento: él se quedó con algunas y me las muestra con orgullo. Él sacó, también, las únicas fotos en color del cuerpo del difunto, pero se lamenta.

—Si hubiera sacado muchas, harta plata habría ganado.

Valle Grande es un pueblo limpio y tortuoso hecho de casitas de colores, mujeres de negro y una iglesia descomunal. Las paredes están llenas de pintadas del ADN, pero es sólo la sigla de la Alianza Democrática Nacionalista del general Banzer. En las calles empinadas hay colegialas nerviosas que se ríen cuando las mira un galán caballero en bicicleta, cholas del altiplano transplantadas por el hambre y una plaza con dos palmeras que deben ser un símbolo de algo.

Enfrente, en la oficina de teléfonos, hay un cartel del Jumbo Bus Boliviano y otro de las tetas rubias de cerveza Paceña. En la cabina una señora acholada llama a su hija en Santa Cruz para decirle que ya le ha conseguido una muchacha para ayudarla con la guagua.

—Es muy chiquita y del campo, es. Un viejo la ha querido violar y ahorita la tengo en casa, asustada. Le puedes pagar cincuenta pesos: es tan chiquita que es muy adapta.

La muchachita tiene once años y cincuenta pesos son quince dólares. Valle Grande es un pueblo de maestros, ex maestros y otros funcionarios de anteojos verdes y trajes incoloros de los cincuenta, un pueblo lleno de hombres y mujeres con la santa aspiración de conseguir algún día una necrológica con los adjetivos convenientes. En Valle Grande cada cual tiene, sobre el Che, una historia —y una versión de la historia.

—Todo el pueblo se vino para acá, pero los soldados no nos dejaban acercarnos ni dejarle flores. Ni hablar nos dejaban, los soldados.

Dice, agitando las manos engrasadas, don Neftalí, el cuidador, mientras me muestra la lavandería del hospital donde llevaron el cadáver, donde le sacaron las famosas fotos. En las fotos parecía más grande. La lavandería tiene tres paredes, seis metros cuadrados, una tinaja en el medio y un par de graffiti en la pared que dicen que "el Che es de los hombres que nunca mueren".

—El doctor Martínez le hizo un tajo en el cuello, para inyectarle formol, y nosotras tuvimos que limpiarlo porque estaba muy sucio, jedía, estaba lleno de caca.

Dice doña Susana Osinaga, una matrona de ojos vacunos y luto riguroso que estaba de enfermera aquel 9 de octubre:

—Lo desnudamos y con una manguera lo limpiamos, en la lavandería. Pero él tenía los ojos abiertos y nos miraba, yo iba para allá y él me seguía con los ojos, y para acá iba y también me seguía. Era como el Cristo Jesús, que te mira siempre. El Cristo Jesús, parecía.

—¿Y usted estaba muy impresionada?

—No, por qué me iba a impresionar, si estaba muertito nomás. Como Cristo estaba, muertito.

Doña Susana acaba de tomarle la presión a una viejita de ultratumba en el patio de su casa, porque ahora trabaja por su cuenta, y se refriega las manos con alcohol, encarnizada.

—Pero yo no me quise llevar nada, me daba espantito. Debo haber sido la única, yo.

Porque en cada distracción de los soldados alguien manoteaba una reliquia. Durante años se disputaron en Valle Grande los trofeos, los fragmentos: un trocito de camisa, un rulo, un botón eran talismanes que hacían —que siguen haciendo— la fortuna de sus poseedores. El cura don Antonio está viejo y dice que la boina que usa se la dio el Che; don Pedro, el otro fotógrafo, le vendió a unos cubanos una cámara de fotos que puede haber sido suya; el maestro don Walter dice que hace unos meses vio el 32 largo que él llevaba escondido en la pernera del pantalón, y siguen firmas.

Pero el cadáver ilustre sólo estuvo cuarenta y ocho horas en el pueblo: cuando desapareció, algunos hablaron de un avión que se lo llevó a las tres de la mañana, y otros, de una cremación con ramas de melendre, que son muy de dar fuego, allá abajo, junto a la pista de aterrizaje. Todo, salvo las manos, que el ministro del Interior, Antonio Arguedas, se llevó como salvoconducto.

—Igual, si no lo mataban, no le quedaban más de dos años de vida. Por el asma, era. A mí me lo dijo el doctor Martínez, que le firmó el certificado.

Don Walter Romero tiene unos sesenta, la biblioteca llena de recortes y carpetas en una habitación de piso de tierra, varias fotos del Papa y un traje que brilla con el lustre de las décadas. Don Walter rebusca entre papeles de todos los calibres el poema que unos curas franceses encontraron en Ñancahuasu, entre los restos del campamento base de los guerrilleros. Dice que lo escribió Guevara pero no lo encuentra, así que, después de media hora de revolver recortes, lo recita con ademanes.

—Cristo, te amo,
no porque bajaste de una estrella,
sino porque me enseñaste
que el hombre tiene sangre, lágrimas, congoja…

Don Walter era maestro en Alto Seco cuando llegaron los guerrilleros, dos semanas antes del final, e intentaron un discurso. Él les contestó. En su diario, Guevara cuenta que ese día se encontró con un maestro "mezcla de zorro campesino, letrado e ingenuidad de niño, que preguntó un montón de cosas sobre el socialismo". Ahora, don Walter fuma sin parar con los dedos amarillos y me cuenta que, desde entonces, ha vuelto a hablar con el comandante varias veces.

—Con un espiritista Ponce de León hemos hablado con él, y él se queja, dice que a ver si de una buena vez lo dejan estar tranquilo en su muerte de él.

Dice el maestro, y me ve la cara y tiene que aclarar:

—A mí no me pueden engañar con refanfinflas. ¿No ve que yo le conozco muy bien la voz al comandante?

Dice con un gesto ampuloso, de quien ha pasado por la Historia.

—Acá todos tienen algo que decir del Che. Y no hay medias tintas: unos están totalmente a favor y otros totalmente en contra. Pensar que cuando vivía nadie le hizo ni caso…

Dice Jorge, un riojano morochón, grandote, de bigotito fino, que vive en Valle Grande desde hace un año y debe andar por los treinta y tantos. Jorge está tratando de convencerme de que los curas del pueblo, unos alemanes, son ex nazis que hacen obra social para disimular su verdadera actividad, el narcotráfico, la fabricación de cocaína. Le digo que me parece excesivo, y él dobla la apuesta.

—Yo trabajo en esto, por eso te lo digo. ¿Por qué te creés que vendo placas para energía solar? Porque los que las compran es para tener electricidad para hacer funcionar fábricas de cocaína en el monte, y así los voy detectando. Yo le paso la información a las fuerzas especiales; cuando se incauta la droga, la DEA paga el setenta por ciento del precio y se queda con la merca. De ese setenta a mí me toca la mitad.

Estamos en la plaza de Valle Grande, frente a la comisaría, y son casi las nueve de la noche. Pasa, de tanto en tanto, algún paseante solo. Jorge saluda a algunos y habla más bajo cuando se cruzan otros. Le pregunto si en La Higuera también hay narcos.

—No, me parece que en La Higuera todavía no.

Desde Valle Grande hasta La Higuera hay sesenta kilómetros y tres horas de una huella que sube hasta los cuatro mil metros en soledad casi perfecta. Cerca del final levanto a un viejo que viene caminando desde el hospital, horas y horas de marcha, y me cuenta en cada piedra, en cada precipicio, quién ha muerto, cómo, cuándo. Después me explica que algunos ponen en sus coches motores de avión, así, cuando se caen a la quebrada, pueden seguir volando.

—El don dice que es periodista, de Buenos Aires, dice.
—¿Usted es de ahí, siempre?
—Sí.
—¿Ahí vive?
—Ahí.
—¿Y no es de ese lugar de donde son los guerrilleros?
—¿De dónde?
—¿De Cuba, no es?

La Higuera tiene unos doscientos habitantes desconfiados, huidizos. No son propiamente indios ni hablan quechua: son campesinos mestizados por el tiempo, patrones de una hectárea de maíz y cuatro o cinco vacas, diez gallinas y un chivo. La Higuera es un camino polvoriento que sube y baja entre dos sierras, veinte casas de adobe a lo largo del camino y una placita redonda, reciente, con una estrella de cinco puntas dibujada en el suelo a fuerza de lajas, un cerco de alambre de púas para que no entren los bichos y, en el medio, rampante, un busto de Ernesto Guevara con su boina sobre un pedestal.

—Gracias a él, ahora somos históricos.

Dice don Vítor Rosado, el corregidor de La Higuera, tocándose el ala del sombrero de paja. Don Vítor es bajo, achaparrado, cincuentón, y me explica que ser corregidor es un engorro porque nadie le paga y tiene que descuidar sus animales, pero que es una suerte.

—Porque es bueno para hacer el bien y dejar un recuerdo para cuando me muera. Porque cuando el hombre muere, quedan sus recuerdos, sólo.

—¿Como qué?

—Este alambrado, las plantitas, el techo de la escuela.

Cuando se cumplieron veinte años del fusilamiento de Guevara, en 1987, un grupo de estudiantes y militantes bolivianos inauguró la costumbre de recordar el 8 de octubre con un festival en La Higuera. Ese día, desde entonces, viene gente de todo el país y se hace una comida, charlas, un concurso de coplas, excursiones a los lugares de combate. Aquel día, el primero, donaron una estatua de medio cuerpo, de bronce, con los brazos abiertos como un redentor. Pero a los pocos meses llegó un pelotón de soldados en una camioneta, enlazó la estatua y se la llevó a la rastra. Al año siguiente, los "universitarios" —como los llaman en La Higuera— volvieron con otra estatua, esta de ahora.

—¿Usted estaba acá en la época de la guerrilla?

Don Vítor tarda en contestar. Está mirando un camión que baja de la montaña hacia el pueblo y quiere saber quién viene. Dos visitantes en una sola mañana es demasiado. En La Higuera los diálogos son lentos, plagados de silencios.

—Sí, pero no entendía. Los campesinos somos témidos, cobardes somos.

Don Vítor me lleva a comer a su casa. Su casa tiene el privilegio de un piso de baldosa, porque don Vítor es el rico del pueblo, tiene como treinta vacas y ha mandado a sus hijos a estudiar a la ciudad. Su casa es una habitación delantera con una mesa grande y las camas de toda la familia y más atrás un patio de tierra y un par de cuartitos para el fogón y las gallinas. En La Higuera no hay electricidad ni agua corriente. En La Higuera no hay siquiera cocacola. Una opita que se llama Juana llega con una baba que le cuelga, limpita, del rincón de la boca, y un plato con uno de esos amontonamientos que los bolivianos sirven a la hora de comer: maíz, fideos, arroz, tomate, un hueso de vaca y un huevo frito pequeñajo y agrisado. Doña Raquel, la señora, sigue sin creer que yo sea de Buenos Aires y don Vítor me muestra un libro que le regaló un cubano que estuvo aquí el año pasado, sobre "El pensamiento económico de Ernesto Che Guevara". Don Vítor lo guarda con devoción bajo una pila de botellas vacías, y el libro explica, por ejemplo, que "la libertad de intercambio es la libertad de comercio y significa un retroceso hacia el capitalismo". Le pregunto, y don Vítor me dice que el capitalismo debe ser "otra de esas cojudeces de los políticos de toda índole". Don Vítor no cree en esa gente.

En la escuela de La Higuera también hay libros. La escuela son cuatro cuartitos de adobe y piso de tierra alrededor de un patio sin bandera. Cada 8 de octubre, los chicos de la escuela cantan canciones sobre el Che, dirigidos por sus cinco maestros. La maestra Adela me muestra unos libros polvorientos: hay varios de y sobre Guevara, las cartas desde la prisión de Raúl Sendic, el pensamiento de Fidel Castro en varios volúmenes, las obras completas de José Martí finamente encuadernadas y hasta el programa del extinto Partido Comunista de la Unión Soviética. Después la maestra me muestra el cuaderno de Ebercito Arteaga que, últimamente, se empeña en firmar E.Gebara.

—Porque era un hombre muy grande de los pobres.
Dice Ebercito.
—Y era un boliviano extranjero.
Dice una nena.
—Y era un hombre harto histórico, que acá lo han muerto.

Don Aníbal Quiroga se saca una piedrita de la abarca, la sandalia con suela de neumático de todos los campesinos, y seguimos caminando. Aquí todos son dones: incluso al fantasma de Guevara suelen llamarlo comandante don Ernesto. Don Aníbal era el corregidor, aquel 8 de octubre, y ahora tiene más de sesenta y es una versión mestiza de Spencer Tracy en *El viejo y el mar*.

Don Aníbal, primero, me había dicho que no sabía nada, que ese día él estaba en el campo, con los animales, pero un par de horas después me vino a buscar y ahora estamos caminando por el monte hacia la quebrada del Churo, hacia el lugar donde hirieron y apresaron a Guevara, aquella mañana.

—El año pasado vino otro gringo, como usté. Poco podía hablar el castellano, como usté.

El punto está a unos cinco kilómetros del pueblo a través de un monte bajo, ralo y seco, lleno de espinas que desgarran la piel y sin espesura para esconderse. Bajamos y bajamos, desandando el camino que hizo Guevara, herido en la pierna, medio arrastrado por dos soldaditos. El camino es un vía crucis al revés.

—Acá se pararon, y lo dejaron fumarse un cigarrillo.
Hay un árbol con las ramas secas.
—Acá había una casa, con gente, y le dieron un vaso de agua.
Hay las ruinas de un ranchito de adobe.

—Acá llegó el capitán Gary Prado, y se hizo cargo.

Ya llevamos una hora de marcha. Además de heroico, ser guerrillero debía resultar decididamente cansador.

—Somos muy témidos, huidizos, nosotros. Los campesinos somos muy atrasados, y el gobierno nos decía que ellos se iban a quedar con nuestras mujeres.

—¿Y ustedes les creían?

—Les creíamos. Pero eran los ricachos que lo decían, para asustarnos, porque atrasados, somos.

Finalmente llegamos a la piedra. Son dos cañadones muy hondos que se unen y forman como un espolón con un gran barranco a cada lado. Sobre esta piedra lo hirieron y lo prendieron, aquel mediodía. Sobre esta piedra debería haberse edificado aquella iglesia. Hace unos meses, cuentan, llegó un coreano que quería comprar el lugar para hacer un monumento. Pero le pidieron quince mil dólares. Desde la piedra el paisaje cae a pico hacia la encrucijada de quebradas y abajo, no muy lejos, verdea el huerto de papas que fue del campesino que lo denunció.

—Harto los denunciábamos, nosotros, o nos íbamos. Porque somos muy atrasados, nosotros.

La piedra está desguarnecida, no hay ni un árbol, ni un matojo en muchos metros a la redonda y pienso, sentado en la piedra, qué debería pensar un hombre que aquí cayó, un mediodía seco y caluroso. Por suerte es imposible, o es banal. Le pregunto a don Aníbal qué harían si el Che volviera ahora.

—Apegarse, pues, todos nos apegábamos con él, si volvía ahora.

Dice, con la tranquilidad de suponer que también es imposible.

El Abra del Picacho está a cuatro kilómetros de La Higuera, montaña arriba. El Abra son seis casas de adobe en una loma seca y barrida por el viento, sin siquiera colores. En el Abra se festeja, cada 24 de septiembre, a la Virgen de las

Mercedes con mucha chicha y un baile de acordeón, charango y guitarrita. A ese baile llegaron los guerrilleros, aquel año, y cantaron y bebieron. Todavía se discute, en el Abra, si Ernesto Guevara bailó o no bailó, aquella noche.

—Cansadito, estaba. Como para bailar.

—Para bailar no sé, pero para otras cosas…

Dice doña Sinfo, con un brillo en los ojitos arrugados, y me cuenta una historia que ya he escuchado —y escucharé otras veces. Que, aquella noche, el Che se prendó de una moza de ojos verdes del caserío del Quiñal, que estaba en la fiesta, "y se la llevó a los matorrales y ahí nomás la fusiló, pues", dice, con su sonrisa sin dientes. Y que la moza se empreñó y se tuvo que ir a Tartagal, en Salta, y por ahí andará, según se dice.

Y Baldomero, el hijo de doña Domitila, que tiene veinte años y una nariz incaica y ganó el año pasado el concurso de coplas de La Higuera, canta en voz baja, tras muchos pedidos, la copla ganadora:

—Ella está muy lejos/ en el Tartagal/ la de ojitos verdes/ que me va a esperar./ Mi negrita se ha ido/ cómo me dejó…

Baldomero usa una camiseta con la cara del Che, el premio del concurso, y su madre, toda de negro y gastada por el viento, me invita a su cocina. Es un cuartito de tres metros cuadrados con las paredes de adobe tiznadas por el fogón, repleto de ollas negras y latas y algún balde. Doña Domitila se sienta en el suelo y rebusca con los dedos en un hueso las fibras más ocultas y me dice que tiene que desgranar maíz para bajar mañana a la feria de La Higuera a cambiarlo por miel de caña para hacer la chicha, porque pronto va a ser la fiesta otra vez.

—Él dijo que él andaba por la gente pobre, que él quería que el pobre tenga también, como el rico, que sean iguales todos. Eso nomás dijo.

—¿Y ustedes le creyeron?

—No, de ande… Aquí el campesino vive como un bicho en el campo, no sabemos nada, pues. Ahora nomás sabemos de él, nosotros.

Estamos desgranando maíz sobre una batea de madera; los locales se ríen de mi torpeza y las gallinas aprovechan los granos que se me descontrolan. Al rato llega la mujer de Baldomero, gorda, grandota, con un balde de agua para agasajarme.

—Usté tiene que decir que a nosotros no nos ayuda nadies, nadies se acuerdan. Todito se va para La Higuera, ahí van estos de Cuba, todita la ayuda para ellos...

—¿Y por qué?

—Porque nosotros no le hicimos traición, pues.

En el dormitorio de todos, sobre una mesa despareja, doña Domitila tiene una foto del Che junto con una estampa de San Jorge y tres o cuatro velitas amarillentas.

—Los dos son guerreros, que es lo que ha de ser un santo.

Dice, pero no me deja fotografiarlos.

—Me les va a sacar la fuerza, gringuito, y qué va ser de nosotros después.

Cae la noche, oscura, sin luna, y en lo de don Vítor toman cervezas tres tractoristas que están abriendo un camino por cuenta de los curas alemanes de Valle Grande. También hay dos comerciantes de ganado que llegaron porque mañana es jueves, y en La Higuera hay feria.

Los parroquianos hablan de animales y cosechas en un castellano mezcla de Aniceto el Pollo y Marlowe involuntario, un idioma seco y pintoresco, hecho de repeticiones y arcaísmos. De pronto, don Vítor se acuerda de las casas.

—Harta piedra está cayendo de ahí, del camino.

—Harta.

—Y hay casas, abajo.

—Hay.

—¿Y cómo será que pueden estar seguros de que no les van a caer a las casas?

—No se puede.

—¿Y de ahí?...

—Ya les hemos dicho que se salgan, por si acaso.

Al rato la conversación languidece y don Vítor me acompaña hasta mi alojamiento. El único lugar para dormir es el puesto de primeros auxilios, una casita de adobe de tres por seis que antes era la escuela y que tiene un catre para el médico que viene de visita, una vez por mes. La salita fue equipada por el gobierno cubano y, en una pared de adentro, hay dos placas: una de la Confederación Universitaria Boliviana y otra de la Confederación Especial de Campesinos del Trópico de Cochabamba, los cultivadores de coca del Chapare. Porque aquí, en esta pieza, pasó Ernesto Guevara su última noche; aquí, en esta pieza, lo mató de cuatro tiros un sargento boliviano, Mario Terán, la mañana del 9 de octubre de 1967.

Aquí, según el relato de uno de los captores, un teniente se le acercó durante la noche para decirle "ahora estás preso. ¿Dónde está el mito del Che?", y el Che lo escupió en la cara. Es difícil dormir. Doy vueltas en el catre de madera y apago la vela y enciendo la vela. Aquí, en esta pieza, Guevara tuvo una noche entera para preparar su muerte y suponer, seguramente, que esa muerte sería una de las banderas que el triunfo de la revolución llevaría flameando al panteón de los héroes. En aquellos días, que el "hombre nuevo" muriera por la revolución no amenazaba decisivamente ni al uno ni a la otra. Aquí, probablemente, lloró o puteó, pero tantos otros no tuvieron siquiera la chance de imaginar aquel panteón.

Aquí tuvo el humor o la soberbia de criticar a la maestra de la escuelita, que lo fue a visitar, porque las frases que había escrito en el pizarrón, para los chicos, tenían faltas de ortografía. Aquí tuvo la —relativa— astucia de morir sin tener que preguntarse si era cierta una respuesta que se pareció después por años a su propia efigie, sin tener que ensuciarse con el poder, ni negociar con rusos con olor a col, ni caer bajo los muros ni padecer por ellos. Aunque no podía saberlo, aquí, aquella noche, y es probable que lamentara entre otras cosas no vivir para ver el triunfo final de la utopía.

Aquí murió creyente, que debe ser la forma más tolerable de morir, y ni siquiera se sabe que haya gritado, en algún momento de la noche, *Elí Elí, lama sabactani*.

Aquí, en esta pieza, empezó, aquella noche, la era del póster. Faltaban muchos años para que se hiciera cierta, patéticamente cierta, aquella frase que salió con su firma: "Yo tengo en mi casa el afiche de todos ustedes". Es difícil dormir.

—Harto miedo les teníamos, a los guerrilleros. Dicen que por eso fracasaron, ellos.

—No. Fue que se vino al único lugar que fuimos tan animales que ni lo conocíamos. Así fue su burrera, el equívoco suyo, pues.

La feria ha empezado a eso de las seis. En 1967 no había feria ni nada porque no había camino y para llegar a Pucará, el pueblo más cercano, había que hacer veinte kilómetros a lomo de mula. El primer vehículo que se vio en La Higuera fue el helicóptero que se llevó el cadáver memorable. Pero hace diez años los vecinos abrieron a pico y pala el camino y ahora pueden llegar jeeps y camiones, y llegó la feria.

La feria está al final del pueblo, justo detrás del monumento. Ya son las siete, y un cojo manosea el vacío que dejó su pierna y los burros más jóvenes se revuelcan en el polvo con rebuznos de gozo. El aire huele a cebollas y pimientos, a sudor de animales. El viento vuela las lonas de los veinte puestos y lleva el polvo hasta el final de las gargantas. De a poco van llegando los campesinos que bajan de la montaña a vender una bolsa de maíz, un chancho, un par de gallinas, y a comprar unos fideos, cuatro kilos de arroz, una manta, el sombrero. Yo tengo que resistir a la tentación de comprarme un burro peludito y suave por cien bolivianos —treinta dólares. Los chanchos, a quinientos, están por encima de mis posibilidades.

Hace un mes el corregidor don Vítor y otros dos detuvieron en la feria a dos asesinos y todos hablan de eso, todavía. Los detuvieron ellos porque en La Higuera no hay policía y el puesto más cercano está en Valle Grande. Eran dos peones de doña Herminita, cuñada de don Vítor, que la mataron a palos para robarle la plata de la venta de unas vacas. Pero no supieron adónde huir y fueron a caer a la feria.

—Nunca, nunca vimos algo así. Acá nunca tenemos crímenes. Pero los peones eran indios, quechuas eran, unos bárbaros eran.

Dice doña Raquel, hermana de la difunta, y dice que eso demuestra que es "burrera casarse con un rico, querer cambiar a rico", y que el Chagas es una tontería.

—Ella lo tenía, el Chagas, pobrecita. Y decían que se iba a morir de eso y mire cómo fue.

Doña Élida, que tiene un puesto de comida, me sirve café aguado. Los parroquianos están hablando de vacas y del crimen pero cuando llego me hablan de Guevara. Ellos saben que los gringos buscan eso.

—Él no debería haber salido de Ñancahuasu, que es monte alto, pues. Nunca tendría que haberse llegado a La Higuera, que es tan raso, que se ve todito de una banda a la otra.

—Lo que hay es que siempre ganan los puros ricachos, con su plata y su bolsa de mentiras, pues.

Dice Yolanda, la hija de doña Élida, y me señala a una chica que pasa frente al puesto.

—Esa es una chiva.
—¿Qué?
—Una loquita.
—¿Por qué?
—Anda con muchachos y muchachos.
—¿Y qué tendría que hacer?
—Atarse, comportarse como una señorita.

La chiva es gorda como una cuba, de pelo largo y negro, suelto. Tiene una pollera de bluyín a media pierna y una remera blanca, ancha; se llama Casimira. Su madre, dice, que en paz descanse, estaba en La Higuera cuando fue la muerte y le quiso llevar un huevo al comandante, porque el comandante pedía que le llevaran un huevo, pero los vecinos no la dejaron.

—¿Por qué?

—Porque él lo quería para su magia. Para su magia, era, para la magia que él hacía. Y quién sabe lo que habría pasado si se lo llevaba, pues.

Fue en octubre del '67. Yo recién había cumplido los diez años y me acuerdo bien. Estaba en quinto grado y, esa tarde, otra maestra entró y le dijo a la señorita Zulema un secreto que le cambió la cara. Fue un gesto rápido, casi imperceptible, que sólo entendí un rato después: a la salida, en un kiosco de plaza Italia, la quinta de *La Razón* titulaba en cuerpo catástrofe que había muerto el Che Guevara.

A mí todavía no se me había muerto nadie. Ese año había leído los *Pasajes de la guerra revolucionaria* y, por supuesto, no lo podía creer. La confirmación tardó unos días: de esos días recuerdo, sobre todo, la tristeza de mis padres, verlos llorando sin entender exactamente por qué. Después, mucho después, supe que mi padre estaba en el grupo que se había formado para apoyar desde la Argentina la guerrilla que pensaba usar a Bolivia como cabeza de puente.

Pero eso fue después. Entretanto, muchos que habían tenido su afiche en la pieza o su ejemplo como meta murieron o se fueron. En esos años, Guevara era la mejor concreción de aquella frase de Rafael Alberti que hablaba de "esa edad fascinante en la que a uno le gustaría que lo mataran para enterarse, después de muerto, de lo que dicen de uno". Guevara era, entre otras cosas, un modelo heroico que requería imitadores. Su cara y su nombre funcionaban como contraseña en París, Berkeley, Buenos Aires. Después pasaron tantas cosas, y el afiche también fue desapareciendo. Hace unos meses, en la selva del Chapare, en la región cocalera de Bolivia, un camarógrafo de la CNN me contó que su padre era el que había hecho las famosas fotos del Che muerto en Valle Grande. Lo fui a ver a La Paz: hacía tiempo que no hablaba de aquellos días. Freddy Alborta me dio media docena de fotos inéditas y me contó algunas cosas. Pensé que valía la pena volver, buscar los rastros, descubrir qué recuerdos.

(1991)

Alcibíades o el orgullo de la patria

—¡Ay! Nunca creí que él pudiera ser realmente tan feo y tan vulgar.
—En cambio, él no podría ser más hermoso y refinado.
—¡Qué maravilla, qué areté! ¡Si parecen hechos el uno para el otro!

Alcibíades era rico, famoso, bello y distinguido y el viejo Sócrates lo poseía dulcemente a la manera helena, sin excederse en la efusión de baba y con el debido cariño que un hombre ha de inculcarle a un crío. Atenas en el siglo de Pericles era la cima de la civilización y la cultura —y Alcibíades era la cumbre orgullosa de esa cima. Era tataranieto de Hércules por parte de padre y, en un tiempo en que los héroes morían jóvenes, se permitió una infinita adolescencia de ocios y molicies porque todos sabían que algún día sería el jefe, el mejor, el soberano de esa ciudad de hombres iguales mantenidos por millares de esclavos. Alcibíades cubría su cuerpo de discóbolo con una capa púrpura de la mejor estofa, que arrastraba indolente por el polvo de las calles; su músculo descollaba en los deportes, su verba en la academia y era con mucho el favorito de las cortesanas corintias, que superaban a las esposas en las artes del lecho y de los dichos. Era, antes que César, el hombre de todas las mujeres y la mujer de todos los hombres y, además, la esperanza del pueblo. Y lo sabía.

—Creo que ya te ha llegado tu tiempo.
—A Atenas le ha llegado su tiempo.

En el año 420, a sus treinta, Alcibíades pensó que ya era

hora de encarnar su destino y fue elegido estratega, jefe militar. Era el sucesor de Pericles, pero Atenas estaba en paz y él necesitaba la guerra, porque la guerra es el privilegio de los fuertes, que en la paz languidecen. Alcibíades empezó a hacerse de enemigos.

En el 416 preparó una gran expedición a Sicilia. Era el primer paso de una larga marcha que llevaría a Atenas a construir un imperio en el Mediterráneo. Alcibíades estaba cruzando apuestas con el viento sobre el puente de la trirreme capitana cuando le llegó la noticia: en la ciudad lo acusaban de haber castrado los inmensos falos de piedra de los Hermes que presidían los cruces de caminos. Hermes no dejaba de ser un dios menor, pero un dios necesario. Y era malo que un hombre se creyera tan alto como para atacarlo. Sus enemigos aprovecharon el envite y se lanzaron a la caza. Un navío lo busca, lo apresa y él se escapa; en la ciudad, un jurado del pueblo lo condena a la muerte y él se escapa.

Atenas tenía, clásicamente, dos grandes enemigos: Persia y Esparta. Alcibíades podía haber ido a esperar el final del chubasco a una ciudad amiga, humildemente, pero para quienes se piensan grandes la traición no es traición sino coherencia, fidelidad a una grandiosa idea de sí mismos. Alcibíades se refugió en Esparta y allí, durante un par de años, aconsejó operaciones militares contra Atenas. Hasta que Agis, el rey, lo acusó de querer seducir a su señora y hubo de huir, una vez más, nocturnamente. El héroe se había transformado en fugitivo y, ya en la carretera, su camino sólo se detuvo en la rumbosa corte persa de Tisafernes, sátrapa de Lidia y el Asia Menor. A quien ofreció el dominio de Atenas si le daba a él, Alcibíades, el sobrino de Pericles, el amante de Sócrates, un ejército persa para deponer la democracia y proclamarse rey.

Canoso, perfumado de sándalo y de mirra, postrado entre tapetes y cojines, Alcibíades miraba el cielo portentoso de las costas del Ponto y repetía que su futuro no había terminado todavía. El sátrapa anfitrión no se decidía a la maniobra y pasaron los años. Al fin otros gobernantes de Atenas lo llamaron para que comandara su flota de mar amenazada. Fueron tres años; después, lo reeligieron estratega y, en dos años más, lo destituyeron, porque sus enemigos suponían que era demasiado grande como para no querer volverse un dios. Otra vez la derrota y la acechanza; otra vez, ya sin asombros, Alcibíades se refugió junto al persa enemigo. Poco después, Atenas era invadida por Esparta. Los espartanos, recordando su deuda, mandaron a buscarlo a la ciudad de Tisafernes. Allí, con el permiso del sátrapa, rodearon su morada, le prendieron fuego y, cuando intentó la fuga, lo cosieron a flechazos, porque no se atrevían a acercársele a tiro de puñal.

—¡Ha muerto! ¡Alcibíades ha muerto!

—No. No puede ser, y además es imposible.

—Sí, ha muerto, y los atenienses hemos perdido a una figura señera, cuyo nombre perdurará hasta los tiempos de la televisión por cable.

Alcibíades tenía cuarenta y cinco años. Sus dos hetairas, Timandra y Teodora, recuperaron el cuerpo prodigioso y lo inhumaron según el rito de aquellos dioses despreciados. Timandra y Teodora lo habían compartido, con paciencia, durante muchos años. Aquel día compartieron también el riesgo de enterrar a un proscripto: Antígona sólo quería una tumba para un hermano; ellas, valerosas, para un amante.

A partir de su muerte Alcibíades fue el héroe que tanto le costó ser en la vida. Había caído a manos del enemigo de siempre y eso alcanzó para lavar brutos rencores: Atenas lo recordó por muchos años como el campeón de la antigua democracia y lo amó con la pasión de lo perdido, porque los pueblos aman sobre todo a quienes los traicionan en su justa medida, ni demasiado ni demasiado poco, el justo medio de la seducción y del desprecio, y de ellos hacen, si no jefes, dioses.

(1989)

Otras veces los viajes resultan como aquella noche en Yang Shuo, cuando pedí perro. Yo ya me estaba yendo, me quedaban si acaso dos o tres días en China y hasta entonces me había resistido a la obligación. Recordaba a menudo la impresión de leer, siete u ocho años, un relato más o menos minucioso de Salgari en algún tomo de Sandokán de una cena de perro en un piringundín chino de la Malasia, y sabía que tenía que hacerlo, pero me daba repeluz y difería el momento. Esa noche, en el restorán del hotelito de Yang Shuo, no había nadie; tenían un menú en inglés y, cuando vi que ofrecían perro, no encontré ninguna razón aceptable para no pedirlo. La camarera me miró curiosa.

Era casi imposible explicárselo. Me seguía pareciendo duro comer perro, pero me parecía duro que me lo pareciera: tenía que pedirlo. El viaje necesita de esas malas copias de la aventura: el viaje impone por momentos la obligación de lo distinto. El viaje impone sus obligaciones: si uno está en China supone que debe hacer esas cosas diferentes que sólo China ofrece. Hace años, cerca de El Cairo, unos camelleros ofrecían camellos viejos para pequeñas cabalgatas por el desierto. Yo tenía calor, no tenía dinero, alguien me había dicho que el paseo no era interesante. Un camellero más insistente que los otros mantuvo el asedio —y su argumento era la esencia de esta idea del viaje:

—Señor, seguramente nunca más tendrá la oportunidad de hacer esta travesía.

Y mi postal de Egipto nunca estaría completa, y nunca podría volver a mirar a Lawrence de Arabia cara a cara. Es preci-

so cumplir con los mitos. Y, en el mejor de los casos, el viaje será un choque entre los mitos previos y los que uno se está construyendo en ese momento.

Al cabo de unos minutos volvió la camarera; era una adolescente torpe sobre sus tacos altos y muy bella en la falda de seda larga con su largo tajo en el costado, y algún rubor en la cara sin afeites: me dijo, avergonzada, que el perro se les había terminado. Ahora, cuando recuerdo mi alivio, sospecho que en realidad nunca tuvieron perro, porque los viajeros no son las únicas víctimas del viaje.

La China rosa

Me lo habían explicado, lo había leído muchas veces: los chicos chinos nunca lloran.

—Quién sabe lo que les hacen —decía un sinólogo, uno de esos que saben—. Pero es interesante investigar qué significa.

Que este chico, esta mañana, llore, debe ser una excepción justificada. Porque ahora somos miles los que avanzamos por la plaza de Tien An Men a paso vivo, formados cuatro en fondo. Casi todos son chinos de provincias y, en vez de vociferar la muerte de aquel tigre de papel, la debacle del imperialismo, comentan los precios de esa radio, de esta zapatilla.

—Tiene binorma y sintonizador universal, es una ganga.

Hablan, pero no dejan de cumplir el rito: con obstinación, con coraje, seguimos avanzando, casi marciales. Al fondo, dentro de un pastel de cemento de cincuenta metros de alto nos espera el cuerpo encerado de quien fuera en vida Gran Timonel, Venerado Presidente y Enemigo Implacable de los tigres de cualquier gramaje. Allí yace, con la cara anaranjada de melón maduro y el pecho cubierto por la bandera roja, rodeado de flores y cipreses de plástico, el camarada Mao. Un soldado nos apura con brazadas de ahogado, y trotamos frente a la momia, que casi no nos mira. A la salida, ya lejos del silencio pero todavía dentro del mausoleo, tenderetes ofrecen galletitas, rollos de fotos, juguetes a pilas, prendedores del muerto, rayban de Hong Kong y perlas falsas.

Doblo a la izquierda por la avenida Qian Men Dong.

Pekín está llena de árboles, pero aquí algunos son pequeños, extrañamente jovencitos: después sabré que los plantaron hace unos meses para reemplazar a los que fueron arrasados por los tanques que avanzaban, el 4 de junio de 1989, hacia la plaza.

El policía va de verde, como todos los policías chinos, y su compañero le pregunta qué piensa sobre los sucesos de Tien An Men.
—La verdad que no sé. ¿Y usted?
—Lo mismo que usted, camarada.
—Entonces lo siento, pero te voy a tener que denunciar al comité político.

El chiste me lo habían contado antes y quizá sea fiel. Sin embargo, en Pekín, en estos días, todo son esfuerzos para demostrar que la tormenta ya ha pasado. La presencia policial ya no es tan notoria y el discurso oficial también se está suavizando.

—En un primer momento, la dirigencia respondió instintivamente a Tien An Men con lo que cree que mejor conoce pero que en realidad menos le importa: el marxismo —dice Samuel Kim, un sinólogo de Princeton—. Pero rápidamente quedó claro que el retorno al fundamentalismo marxista era más humo que fuego.

Sin embargo, reaparecieron viejos conocidos. Los Cuatro Principios Fundamentales —continuar en el camino del socialismo, sostener la dictadura del proletariado, sostener el liderazgo del PC y sostener el marxismo-leninismo y el pensamiento Mao Zedong— vuelven a esgrimirse a cada paso, y los líderes y los medios repiten como un mantra que sólo el socialismo puede salvar a China, que sólo el liderazgo del partido garantiza un futuro próspero, y que la democracia y el capitalismo traerían sólo desastres. Y ha vuelto incluso a aparecer un héroe jubilado.

A Lei Feng se lo cargó un camión cuando tenía 22, a

principios de los sesenta, pero vive en el corazón de su pueblo. Lei Feng era soldado y, a su muerte, se le encontraron unos diarios que rebosaban almíbar y bronce, amor por el presidente Mao, desprendimiento y nobleza. Esos diarios íntimos fueron el estandarte de la campaña "Aprendan del camarada Lei Feng" y, desde entonces, el atropellado fue un modelo de todo lo bueno, de todo lo puro que se eclipsa según los momentos y de tanto en tanto reaparece.

Antes de Tien An Men, por ejemplo, hizo una breve entrada. Como en la China moderna de Deng hacerse rico ya no es pecado, se habló de hacerlo emprendedor y acomodado, y como ya no se suponía que la devoción por el socialismo y la repetición de los pensamientos de Mao ocuparan el total de las pasiones humanas, se pensó incluso en conseguirle una novia. Pero llegó Tien An Men y la campaña Lei rectificó sus esfuerzos: se editaron las *Nuevas historias de Lei Feng*, prologadas por el presidente Yang, y el aplastado volvió a parecerse a aquel que iluminara a los Guardias Rojos, sólo que ahora su pasión era el estudio de la ciencia y la tecnología para servir al partido y al Estado, y la disciplina, una de sus virtudes más firmes para lograr el socialismo. Lo que nunca queda muy claro es de qué socialismo están hablando.

—Ahora los soviéticos nos envidian.

Dice Fong y se ríe —pero todos se ríen cuando hablan. Fong tiene 47 años y un puesto de responsabilidad en un diario del partido. Fong es alguien de confianza, uno que puede hablar.

—Porque China también cometió un error, pero lo corrigió: antes todos cobraban igual, vivían igual, trabajaran o no. Porque China es socialista. Pero ahora hemos aprendido el socialismo a la manera china: si uno trabaja mucho gana mucho; si poco, poco. Así hay incentivos, la gente trabaja más y el pueblo vive mejor.

Las calles de Pekín están repletas de negocios, puestitos, grandes almacenes y cualquier otra variante del consumo humano. Las tiendas rebosan de ropas de colores chillones exhibidas por maniquíes rubias de nariz respingona. No hay problemas para abastecerse; sí, si acaso, para pagar. Los sueldos medios están entre 200 y 300 yuanes —cinco yuanes por dólar—; un boleto de autobús cuesta diez centavos, una comida en la calle tres o cuatro yuanes, un mes de alquiler cuatro o cinco, una bicicleta cuatrocientos, una tele color dos mil. Pero en las ciudades se ve mucha gente que no vive de su sueldo: son los pequeños comerciantes independientes, los funcionarios más o menos corruptos, los chinos de ultramar que volvieron con su capital, los jerarcas e hijos, los contrabandistas y otros infractores. Son los que han inaugurado un estilo de consumo que hace muchos años que no se veía en China —y todavía sorprende a muchos. En estos días el diario anuncia que una criada campesina y jovencita metió a una nena de un año en un lavarropas junto con las sábanas. Alguien comenta que eso con el comunismo no pasaba: no había lavarropas, no había criadas.

—La ideología no nos interesa. Durante años nos dijeron que había que hacer esfuerzos por el país y por el socialismo pero vivíamos cada vez peor. La ideología nos hace vivir mal, y nosotros queremos vivir bien.

Dice Li, un cuarentón que fue cuadro del partido hasta que sus relaciones y contactos le permitieron montar una importadora de electrónica japonesa.

Todo empezó en 1979, con el viejo Deng Xiaoping, llamado "el corcho": por más que lo hundan siempre sale a flote. Entonces, con el lema menemista de que no importaba si el gato era blanco o negro sino que cazara ratones, se lanzó la campaña de apertura y modernización que ha abierto a las inversiones extranjeras y la economía de mercado el mayor mercado de este mundo.

Se empezó a alentar la iniciativa individual —primero

en el campo, después en la industria. La producción de granos subió un 30 por ciento en cinco años, las exportaciones industriales un 300 por ciento en diez y la clásica retórica maoísta empezó a alabar el coraje de los líderes de la mediana empresa como antes cantaba las glorias de los mártires revolucionarios.

"Chang Zonglin, un campesino, luchó tenazmente a la cabeza de su pueblo y ha logrado poner en funcionamiento 24 fábricas y talleres industriales... En 1980, Chang formuló el gran ideal de «crear mejores empresas grandes y medianas y ofrecer a los clientes productos de buena calidad»...", dice un folleto oficial. Y se han creado también, en la costa, cinco "zonas económicas especiales" donde funciona el capitalismo puro y duro con empresas extranjeras y rendimientos espectaculares.

—Si nos dejaran, muchos nos iríamos a trabajar a las zonas especiales. Las empresas extranjeras pagan el doble, pero hay que trabajar el doble. Allá uno puede elegir entre trabajar poco y vivir justo, en el Estado, o matarse y ganar mucho dinero en el privado.

Dice un botones sepultado bajo una pila de valijas y hablando, por supuesto, de oídas.

—Con un grupo de cuatro compañeros estamos por montar un pequeño restorán privado. Es muy importante lanzarse a la iniciativa individual.

Dirá después, como quien recita, Fang, un militante convencido que ha pasado, en sus 37 años, por casi todas y que, por el momento, es economista en un ministerio. En 1978 había en las ciudades chinas 150.000 trabajadores por cuenta propia; el año pasado, nueve millones.

—Los primeros años tendremos que trabajar fuerte, pero más adelante podremos conseguir tiempo libre para tareas intelectuales. Pero, sobre todo, la gestión de una empresa nos enseñará mucho sobre la manera de hacer política. Ya que los dirigentes nos alientan para que demostremos nuestra iniciativa, tomémoslos al pie de la letra y desarrollemos todas las consecuencias de este nuevo espacio de libertad, de donde pueden surgir muchas otras libertades.

O no. Porque, al menos desde Tien An Men, el camino hacia una economía menos dirigida se complementa con un control social que no cesa. Los conceptos se retuercen, el capitalismo desenfrenado se presenta como la salvación del socialismo y viceversa. Y todo justificado por el gran objetivo: darle de comer a 1.150 millones de chinos que viven con una renta per cápita de 365 dólares anuales. Lo dijo hace mucho Zhou Enlai, y todavía no ha perdido su tono de amenaza: "La mayor contribución china a la paz mundial es alimentar a su gente".

"China tiene casi un cuarto de la población del mundo. Tiene armas nucleares, gran influencia en la región y un potencial económico inmenso", sintetizó hace unos días James Baker, al anunciar su viaje a China.

China es el gran mercado futuro, la presa deseada por todos los capitalistas del mundo uníos: si uno de cada cien chinos compra tus bicicletas, habrás vendido once millones de bicicletas. Aquí, en efecto, cualquier estadística es excesiva: hay, por ejemplo, en China, diez millones de débiles mentales, que un día podrían encolumnarse y marchar hacia quién sabe dónde, gloriosamente, cantando cada cual una canción de cuna.

Hasta tanto nos refugiamos en un saloncito hortera, de espejos y papel en las paredes, en el piso 22 de la agencia nacional de prensa Xin Hua —China Nueva. Sobre la mesa hay flores de plástico y Kent americanos y una camarera empieza a servirnos lo que aquí se llama un banquete.

Los platos se suceden y, entre una ostra y una alita de paloma, un hongo negro y un pie de chancho con perfume a jazmines, el señor Hu, director del Departamento Español, su adjunto Liu y la señora Shi, de Relaciones Públicas, me regalan sonrisa tras sonrisa para explicarme que es un honor para ellos, que soy lo más agradable que han visto desde la abuela del presidente Mao, que no me pierda la gelatina y que no me van a conseguir absolutamente nada de lo que me habían prometido.

—Antes pasado muchos años en Chile —dice el señor Liu—. Me acuerdo desayunos con presidente Pinochet, muy interesantes.

Yo no pedía gran cosa, sólo que me dejaran visitar una fábrica para que un gerente me contara los logros del socialismo de mercado o una repartición oficial para que un subministro me cantara los logros del socialismo de mercado, pero no va a poder ser. Problemas del socialismo: para que un cronista sudaca se encuentre con un funcionario de séptima o penetre en un jardín de infantes, el Estado tiene que autorizarlo, se hace cargo: tiene la culpa. En el capitalismo, el Estado simula no ocuparse de esas cosas.

—Nosotros queremos, nada queremos más que ayudar a nuestro amigo, pero usted tiene la falta de autorizaciones correspondientes.

Dice el señor Hu, con la sonrisa rompedora. Me acuerdo de la historia del ejecutivo francés que enloqueció después de dos años de negociar un contrato con funcionarios chinos y fue atrapado corriendo desnudo por las calles de Pekín una mañana de invierno, así que trato de parecer despectivo mientras un jengibre glacé se me escurre de los palitos y pienso en lo que les debe haber costado a estos tres cincuentones llegar incólumes a sus puestos pobres a través de la revolución cultural, la banda de los cuatro, las cuatro modernizaciones, las sucesivas matanzas y los berrinches de sus jefes sucesivos. El señor Hu está contando cómo hacían los patos laqueados originales: los encerraban vivos en una caja de hierro al rojo con una pajita en la boca para que fueran sorbiendo una mezcla de vinagre, miel, malta, jengibre hasta que morían achicharrados.

—Nuestra cultura sabe cómo aprovechar cada momento de la vida y de la muerte.

Dice el señor Hu, sentencioso, satisfecho. Me callo. La cabecita de la paloma, chamuscada, tiene el pico abierto y trata de decirme algo. Después, para distendernos, la señora Shi me pregunta qué estación es ahora en la Argentina.

—La opuesta, primavera.

—¿Ah, está seguro que no verano?

Podríamos discutirlo un rato largo y seguro que ella terminaría por tener razón. La comida se ha acabado. La camarera nos ofrece a cada uno una barrita de Orion Fruits Flavor Chewing Gum, en su clásica etiqueta amarilla. Mis anfitriones lo mordisquean con estruendo. Está claro que ellos, de todas formas, tienen la íntima convicción de que yo, como extranjero, soy una basura, y me lo están diciendo con sonrisas. Es lo que piensan todos los chinos desde hace cinco mil años: el nombre oficial de China es Zhong Hua, el País del Centro, y en los mapamundis chinos África está a la izquierda, América a la derecha y China en el medio. Prefiero no imaginar cómo harán los globos terráqueos. Pero ahora, además, están resentidos porque necesitan los capitales y la tecnología de los bárbaros, y tienen un poco de miedo.

—Si podemos ayudar a nuestro amigo, usted no deje de llamar a nosotros.

Esa noche, en una reunión de varios corresponsales extranjeros, se comenta durante horas un suelto aparecido por la mañana en el *South China Morning Post*, de Hong Kong: la limitación por decreto de las honras fúnebres de los altos jerarcas del partido y el Estado chinos. Las opiniones son de lo más variadas: eso puede significar que Deng está muy enfermo, agonizante o que se ha muerto ya, o quizá que Yang está al borde de la tumba o muchas otras cosas. Son gente grande y me dan casi pena. La realidad china es una suma de relatos paranoicos a partir de las pistas más tenues. Alguien recuerda las reglas chinas para el consumo de información: "De los diarios, sólo crea las noticias de deportes. No crea nada hasta que sea oficialmente desmentido. Dé sus propias opiniones usando fórmulas tipo «Escuché en el bus…»"

Me gustaría escribir una policial china, un rosario de preguntas que nadie contestaría. Salvo a fuerza de golpes o de dinero: una policial china dejaría a Hammet a la altura de Hans Christian Andersen. La discusión arrecia, cada vez hay más hipótesis. Después, alguien recuerda a aquel periodista español que, desesperado por los silencios, le puso a un par de amigos una sábana en la cabeza y salió a la calle a hacer una encuesta sobre la reacción de los chinos frente a los fantasmas. Los periodistas viven, como todos los extranjeros, en grupos de edificios cerrados por rejas, con policía en la puerta, cámaras de video en los ascensores y micrófonos hasta en la sopa. Ya es tarde. Por las noches, la ciudad se apaga muy pronto, y sólo quedan en las calles los fantasmas de las últimas bicicletas, unos extraños carros tirados por tres caballos que transportan escombros y un olor de que todo es posible, pero no sucederá.

Hua piensa más bien que ya nada sucederá. En las dos piecitas de su casa hace mucho frío y ella dice que qué suerte que todavía no hace frío. En realidad, ella no se llama Hua.

—Hace unos meses, contacté a un joven llamado Mai y le pedí que le llevara una carta a un amigo común. No había nada raro en eso, pero alguna gente creyó que sí, y nos siguió. Dos minutos después de que nos despedimos, fui arrestada. Me arrestaron igual que en las películas, con gran coordinación. Un coche paró de pronto. Un momento antes, dos hombres en bicicleta me habían rodeado. Me caí. Ellos me agarraron y me metieron en el coche. Sabía exactamente lo que iba a pasar, pero igual esperaba que las cosas no fueran demasiado lejos. Me soltaron nueve horas después. Siete u ocho tipos me habían interrogado continuamente. Yo dije cosas irrelevantes acerca de que trataba de vender mis pinturas. No estoy segura si me creyeron, pero me dejaron ir. Antes de irme me advirtieron que no dijera una palabra sobre lo que había pasado. Lo prometí, porque quería seguir viva, y durante un tiempo no dije nada. Pero hace un mes empecé a hablar. Fue como una enfermedad viciosa, que te empieza a pudrir por dentro. Hablaba por hablar, con cualquiera, sin esperar ninguna simpatía, como el hombre que amenaza con sus puños al cielo.

Hua estuvo en Tien An Men en aquellos días de junio. Hua es periodista, pero desde entonces no puede publicar sus artículos en ningún lado. También es pintora y calígrafa: en papeles primorosamente recortados, con caracteres muy perfectos, Hua dibuja los insultos más terribles. Hua está por llegar a los cuarenta y la cara se le contrae en una mueca tensa. En las dos piecitas de su casa hay una cama, dos sillas, un lavabo de agua fría, los cuadros de algunos amigos y una reproducción de Bacon que le mandó un amigo pintor que ahora vive en París bajo la protección de un marchand que, ahora que el Este europeo ya no vende, está tratando de inventar una moda "China dark y reprimida". Ideal para venderle cuadros a los ex maoístas transmutados en gerentes de multinacionales.

—Ya no tengo raíces, ni futuro. Es el funeral de una época.

Sus dos piezas están en lo que fue, hace doscientos años, una residencia señorial y ahora aloja a veinte familias. A la entrada, en un pizarrón, el comité del barrio escribió que los extranjeros que entren deben pedir permiso y registrarse, pero es de noche y nadie nos ha visto llegar.

—Todos dicen que no hay esperanza pero seguimos viviendo. Queremos vivir para acordarnos de todo esto. No podemos hacer nada más que vivir, grabando todo en nuestras memorias. Es un consuelo. Lo peor no es el desastre que los chinos han creado en el pasado, sino su imposibilidad de crear un futuro. Esta es la tragedia de una nación que agoniza.

En Tien An Men murieron varios de sus amigos. En la Revolución Cultural, Hua ya era una adolescente muy militante.

—¿Y qué hacías?
—La lucha de clases.

Dos bombachas se secan en un rincón; el vino de arroz no acaba con el frío. Hua me ha ofrecido su única botella de vino de arroz porque es, pese a todo, una anfitriona china; sabe a rayos, pero tengo que beberla con sonrisas y chasquidos de placer. Para Hua, que vive sola, es un privilegio tener estas dos piezas descascaradas, pobres. Hua quiere emigrar a Inglaterra porque se ha quedado sin futuro.

—Ahora ya no puedo ser un héroe, y es tan difícil aprender a ser una persona normal…

A las siete de la mañana todo parece haber empezado hace demasiado tiempo. Las calles están negras de bicicletas y en cada rincón de verde viejos de azul se retuercen en ejercicios de tai chi, con o sin las espadas. En el parque de la calle Chao Yang otros hacen jueguito con los pies y una especie de pluma de badminton y una mujer se arquea hasta convertirse en un caracter que no dice nada. Hay mucho esputo y, cincuenta metros más allá, un baile. La música, clásicamente china, sale de un gran grabador japonés: quince o veinte parejas bailan con movimientos de tai chi y rock de salón y tango apache. Cada tanto alguien mira el reloj, le dice a su compañera que es hora de irse a trabajar y la saluda con una inclinación de la cabeza.

Por las calles de Pekín ruedan pocos coches, algunos autobuses y siete millones de bicicletas de las mejores marcas: Fénix, Cisne, Paloma Mensajera, Bandera Roja, Uso Eterno. Los chinos manejan sus bicicletas como si quisieran desmentir cualquier idea sobre el confucianismo y la subordinación a un orden superior. En la calle, el tránsito es la lucha, la pulseada permanente, un estado de confrontación que no descansa: todos se lanzan contra todos como si tuvieran que derrotarse todo el tiempo o, quizá, como si los demás no existieran. Como si por un momento intentaran el alivio de creerse únicos.

En Fu Dan, la universidad de Pekín, no parece que nadie sufra, ya, esa tentación. No en público, al menos. La universidad fue el foco de las revueltas del '89: los estudiantes sufrieron menos cárceles o fusilamientos que los obreros o desocupados, pero el control se reforzó desde entonces. Ahora la universidad de Pekín parece ser una isla moderna y alejada donde los intérpretes no quieren que vaya, me pierdo, los alumnos me esquivan, los guardias me escrutan y los pocos que quieren hablar me explican lo que siempre supe.

—En China, los obreros, campesinos y estudiantes han mejorado su vida en todo sentido y ahora viven felices.

Dice una que estudia español para ser guía de turismo, una tártara alta y dientuda que lleva un verdadero jean americano y zapatillas de alunizar. En la cartelera no hay dazibaos sino cartelitos que ofrecen casetes de pop americano, una computadora con muy poco uso.

—Hace unos años no usaba jeans porque me criticaban que prestara demasiada atención a la apariencia. Pero ahora somos libres y cada uno puede vestirse como quiere.

—¿Qué pasó en Tien An Men?

—Ya lo viste por televisión.

—Contámelo vos.

—Yo no me ocupo de esas cosas. Ya antes de que pasara mis padres me contaron su experiencia y me dijeron que no nos mezcláramos con ellos, y tenían razón.

La tártara tiene una forma deliciosa de dejar caer el labio inferior, como quien supusiera que de la idiocia también se vuelve.

—¿Por qué?

—Porque nosotros en China no necesitamos ocuparnos de esas cosas. Tenemos nuestras metas, más triviales pero más realistas.

Los estudiantes tienen algunas reivindicaciones propias: los futuros managers de China están hartos de dormir de a seis en doce metros y de comer guisos sin nombre. Pero se cuidan mucho de sí mismos.

—Yo no tengo objetivos a largo plazo.

Dice un petiso de inglés con anteojos gruesos y un pulóver marrón made in mamá.

—Ya aprendí a no soñar, ahora sólo pienso en mañana o pasado mañana.

—¿Por qué?

Detrás de los anteojos, el petiso me mira con lástima o desprecio o sólo temor y no dice más nada. Es la hora del almuerzo. Las chicas llevan pantalones y colores vivos, la cara suavemente maquillada, y hay galanes vestidos como para dar envidia en el ICI, trajes negros, anteojos sixties y una cara de nada que se vendería carísima en Via Vai. Pero en general los jóvenes a la moda se visten como para ir a una disco en San Francisco Solano, ocultando los cuerpos con todo el look capitalista asiático: algunos llevan incluso los rayban falsos con la etiqueta pegada en el vidrio, para que se note. Parecen bucaneros pero les dicen bananas, porque son amarillos por fuera y blancos por dentro.

Sólo los más pobres tratan de cumplir con su papel y se ponen chaquetas azules tipo Mao, gorras con visera, caras de pirata de los mares del sur, fiel coolie sudoroso o comunista masacrado en la condición humana. Una encuesta reciente, entre miles de jóvenes, dio los resultados esperados, porque las encuestas casi siempre lo hacen: la actividad más deseada es empresario y la ganancia es lo más importante en un trabajo. El último ítem, tras la satisfacción personal, el interés y varios otros, es el reconocimiento de la sociedad. Pero algunos leen poesía.

China Daily, el diario oficial en inglés que aparece desde 1980, un diario hecho sin noticias, publica un editorial sobre la "manía Wang Guozhen". Wang es un profesor de 35 años cuyos poemas están haciendo furor entre los estudiantes secundarios y universitarios. "No pienso si tendré éxito:/ si elijo una meta lejana,/ no pararé pese al viento y la tormenta./ No pienso si lograré el amor,/ si me enamoro de una rosa/ le diré valientemente la verdad".

Sus detractores lo acusan de ser "fast food cultural", y el mismo Wang promueve la "escritura comercial" y dice que "la poesía debe estar orientada hacia los lectores". Y el *China* aprovecha para sermonear a los escritores que no piensan en el público: "La manía Wang les recuerda que deben salir de su torre de marfil, y acercarse a su pueblo". Sobre el cine también ha habido palabras semioficiales: "Siempre queremos educar al pueblo a través del cine. Pero en realidad la mayoría del pueblo va al cine a divertirse y descansar. Es una lástima que no prestemos atención al cine como factor de diversión". En la televisión, JR Dallas habla en chino con la misma cara de asco con la que habla en brasilero y la minimorbo rubita se baña en la pileta del rancho en esperanto. Cuando empezó la apertura Deng decidió que se dieran películas y series occidentales para que los chinos viesen, sin que nadie lo dijera exactamente, que el capitalismo se comía a los niños con muy buenas salsas. *Scarlett*, de Alexandra Ripley, la continuación de *Lo que el viento se llevó*, ya fue comprada por una editorial de Shanghai. En cambio un decreto acaba de prohibir el *I Ching* y otros 28 títulos basados en él porque "han envenenado a muchos lectores al disfrazar de cultura tradicional la adivinación del futuro, y sólo proponen la superstición feudal y son contrarios a la civilización espiritual socialista". Que tiene el monopolio del futuro.

Ya desde Kublai Khan, Pekín fue una ciudad del poder. Y es, probablemente desde siempre, una ciudad falsa. Pekín simula ser un cruce de anchurosas avenidas diseñadas para que circulen los vientos de la historia; detrás de las fachadas de los grandes edificios y los antiguos palacios, cada manzana de Pekín es un revuelo de callecitas pequeñas y arboladas, como de aldea campesina: los hutongs.

Los hutongs son pueblitos donde las consignas se destiñen en carteles que fueron rojos, el verde de los sauces llueve sobre puestitos de verdura y la ciudad está lejana —o es así. Cuatro viejos sentados en posición fetal fuman cigarrillos como si esperaran a aquella muchachita de trenzas. En el patio de un cuartel menor un teniente inspecciona una por una las uñas de un pelotón de soldados, marcialmente. Un hombre lleva dos jaulas colgadas del manubrio de su bicicleta, tapadas, para que sus ruiseñores no se molesten. En una peluquería de un solo sillón una mujer se hace la permanente bajo un póster de Rambo. Cinco chicos vestidos de sargentos se corren y tirotean: hay dos muertos y uno está llorando. Se cruzan olores de fritos y coriandro. Dos puestitos ofrecen ravioles al vapor y juntan los platos sucios en una palangana de plástico bien a la vista para que se note que no vuelven a usarlos. Cada dos o tres cuadras están los baños: no suelen tener puertas pero, cuando las hay, nadie parece querer usarlas para encerrarse solo en semejante sitio. Se cruzan olores. Pasa una señora de sedas sentada en el sillón de mimbre de un triciclo tirado por un coolie sudoroso y gritón. Un viejito de barba venerable está sentado en una silla de ruedas en la puerta de su casa. Le pido permiso para una foto y él se levanta y anda. Tras el milagro vuelve con una maceta de flores de plástico y posa, ya engalanado, para la eternidad.

Después, en algún momento, se acaban los hutongs y aparecen otra vez los monobloques. Hay muchos que son absolutamente simples y rudimentarios. Kai me dirá que los hicieron en los sesenta y los llamaron "edificios destinados a ser destruidos en la guerra". Es como un cubito knorr-suiza de materialismo histórico: unos edificios construidos creyendo saber de antemano cuál sería su destino final. Que no fue.

Kai pedalea una bicicleta inglesa, reluciente. En un semáforo se acerca a la mía y me habla en un inglés muy correcto. También habla francés y japonés. Kai tiene 32 años y es ingeniero de una empresa extranjera, pero hoy es su día libre y está yendo a bailar. Es mediodía. Le pido que me lleve, quiero ver. En el centro cultural de la calle Dong Dan las luces negras y las sombras simulan la noche; los bailarines se agitan con música disco pero a mí no me dejan entrar: soy extranjero. "La música de las discotecas y los desfiles de modas debe ajustarse a las directrices del marxismo y del pensamiento Mao Zedong", escribió hace poco el ministro de Cultura. "Debemos estar alertas ante la invasión de ideologías culturales podridas y llevar a cabo una política contraria a la infiltración cultural". La noche anterior había venido, solo, a la misma discoteca, porque soy testarudo, y tampoco me habían dejado entrar. Me hacían gestos que no entendía: uno está dispuesto a no entender un idioma, pero cree que hay un idioma gestual más o menos común: es un error. Nos vamos a tomar una cerveza.

 —Lo de Tien An Men era una utopía —dice Kai—. Ellos querían una sociedad ideal, que en China no podría existir. Ellos eran pekineses, estudiantes, acostumbrados a cierto bienestar. La mayoría del país no pediría democracia sino comida. En China hay muchísimos odios, rencores, regionalismos. Si hubiera demasiada libertad todo estallaría. ¿Cómo harías para que los pobres del campo no vinieran a la ciudad y se llevaran todo por delante?

 Me acuerdo de una fábula china en la que un tigre le tenía mucho miedo a un burro, porque era enorme y muy dientudo, hasta que al final decidió probar y le echó un zarpazo. El burro se asustó, el tigre lo persiguió y se lo comió. Kai usa una Lacoste falsa, un bluyín lavado y juguetea con las llaves de la bicicleta en el mejor estilo tuerca. Alguien diría que se olvidó de sacarse los broches de los pantalones.

 —Los únicos capaces de mantener el control son los comunistas. Es una lástima que no podamos tener toda la libertad que querríamos, pero hay que elegir. Los únicos capaces de asegurar que acá haya una economía de mercado y que haya algunos que vivan mejor que otros y no los maten por eso son los comunistas. Y si la situación china se desestabiliza, el mundo puede sufrir las consecuencias. Esa es la gran contribución del Partido Comunista Chino a la paz mundial.

 Dice, con una sonrisa que quizá no sea siquiera cínica.

En la puerta de los nuevos hoteles de Pekín las cinco estrellas de la bandera china parecen la calificación de una guía de turismo. En los últimos años, cien torres lujosísimas han florecido como una provocación. Allí se alojan los hombres de negocios que vienen a conquistar el gran mercado. Pero en Pekín la violencia, si la hay, está muy controlada. Aunque muchos taxis refugian al chofer detrás de un enrejado.

—No, acá no hay violencia.

Dice un taxista.

—¿Y entonces para qué?

—Para los forasteros que no tienen trabajo. Esos sí que son violentos.

Se calcula que hay unos cincuenta millones de "forasteros" rodando por la China. Aunque no se puede viajar sin permiso y está prohibido cambiar de lugar de residencia, los "forasteros" han huido de sus lugares, se han puesto al margen, y ahora se los ve durmiendo por la calle, rondando las estaciones de tren, buscando algún trabajo para ganarse el almuerzo. Sólo en Pekín deportan a unos mil por día, pero siguen llegando. Muchos de los fusilados después de Tien An Men fueron "forasteros". Pero tienen un inconveniente: a veces no se puede cumplir con la ley que obliga a que la familia reciba y pague la bala que le partió el cuello al condenado. En otros casos es más fácil.

El gran jefe Deng lo dijo hace unos años: "La pena de muerte es un instrumento pedagógico que no podemos dejar de utilizar". Y no se privan. El *China* cuenta que en la provincia de Yunan, en el sur, "hubo grandes ejecuciones de narcotraficantes". Siguiendo el estilo local, no da la cifra exacta, pero dice que los ejecutados fueron "más que en todo el año pasado en la provincia (88)". Y cuentan que "en el más importante de estos actos de masas se cumplieron sentencias ejemplificadoras contra 35 personas, con la asistencia de 45.000 espectadores en un estadio de Kunming". Yunan es una ruta alternativa para que la heroína del Triángulo de Oro salga a Hong Kong, y los porcentajes de tráfico y drogadicción llegan a cifras de lo más blancas.

Pero también pagan la bala algunos corruptos: la semana pasada, en Cantón, fusilaron a dos cuadros del partido que habían malversado 260.000 y 15.000 dólares, porque la corrupción es traición a la patria. Y también a uno que robó cinco coches y al jefe de policía de un pueblito que daba permisos de residencia falsos. Al final, sus fotos aparecerán en las carteleras de los comités de barrio, con montajes tipo fotonovela que muestran a los reos en medio de billetes, mujeres o camiones y, después, tras las rejas, demacrados, esperando la bala en la nuca.

—Ahora estamos haciendo estudios muy serios, científicos, para que las familias puedan vivir y administrarse de forma racional y civilizada.

Dice la gorda con cara de medalla, la mirada perdida en el futuro de la patria. La gorda está sentada detrás de un escritorio viejo y usa una chaqueta Mao azul muy gastada con un brazalete rojo que dice "servir al pueblo". La gorda es jubilada, y forma parte del comité de barrio: hay uno por manzana, poco más o menos, y se encargan de reconciliar familias, cuidar el orden en la calle, organizar bailes y gimnasias, denunciar a los sospechosos, lavar a los enfermos o vigilar que nadie tenga perros o gatos. Sus miembros suelen ser los más viejos, cobran una cantidad casi simbólica y saben todo lo que pasa en las calles, en los patios y en los dormitorios.

—Cuando los trabajadores se van y dejan sus casas desocupadas, pueden estar en paz y tranquilidad porque el comité está alerta.

Y está alerta, también, para hacer cumplir las órdenes de la planificación familiar.

"Si en el futuro hubiera que hacer un reajuste de la reproducción humana igual al realizado en la producción material, sólo en la sociedad comunista se lo podría realizar sin dificultad alguna", escribió, hacia 1870, Federico Engels. Probablemente tenía razón. Y las autoridades chinas, consecuentes con su misión y aterradas ante el crecimiento demográfico, decretaron hace unos diez años la prohibición casi total de tener más de un hijo por pareja, salvo en algunos casos en que el matrimonio tiene un hijo "defectuoso por causas no hereditarias" o en algunas zonas rurales donde el que tiene una hija puede tener otra chance sin necesidad de matar a la recién nacida, que es lo que hacen en un cinco por ciento de los casos.

Aun así, cada año nacen, en China, unos veinte millones de hijos únicos. Los llaman los "pequeños emperadores" porque sus caprichos son ley. Se los ve mucho en todas partes, con el pantalón abierto en el culo y sus sombreros extravagantes. Habrá que ver qué resulta de esta generación de malcriados con el culo al aire. Puede ser maravilloso, dentro de veinte años, encontrarse con cuatrocientos millones de consentidos y caprichosos. O no. Muchas veces me sorprendí porque, además de decirme *hello*, chicos muy chiquitos me aplaudían. Después un día fui a un jardín de infantes y, en cada sala, la maestra les hacía aplaudir al huésped extranjero. Es una forma de crear hábitos.

—¿Por qué tantos chicos van vestidos de soldados?
—Para mostrar el respeto y agradecimiento de sus padres hacia el Ejército Popular de Liberación.

Me explica mi intérprete, con su didactismo habitual, y no necesito preguntarle más. Mi intérprete tiene unos 40 años y está casado. Es el segundo: el primero fue a buscarme al aeropuerto, me hizo muchas fiestas y después, cuando se enteró de que yo era periodista, se sintió bruscamente enfermo, me dijo que lo disculpara que se tenía que ir al médico y nunca más lo vi. Al día siguiente me mandaron a este: es amable, pero no hay quien lo saque del manual del buen patriota chino. El único problema es que, últimamente, el manual sale cada vez más confuso.

—Yo era estudiante, y me casé por amor. Tuvimos muchas dificultades, porque eran tiempos difíciles que han sido felizmente superados.

Se calcula que, en las grandes ciudades, el 35 por ciento de los matrimonios se une por amor, y el resto por "reflexión", como se llama a conveniencias e imposiciones familiares. El matrimonio en China es un contrato fuerte: uno de los insultos más graves aquí es *di san zhe*, "tercera persona", el que se entromete. No el cornudo, la supuesta víctima, sino el supuesto victimario. En el campo los reflexivos son legión: se habla de más del 85 por ciento. En estos días ha salido un decreto prohibiendo la venta de mujeres para el matrimonio. La costumbre tenía una lógica económica bastante clara: era más barato comprar una forastera a un mercader que pagar la fiesta y la recompensa que la familia de la novia espera por entregarla. De todas formas, como muchos matrimonios siguen siendo arreglados por casamenteros, el Estado no ha querido ceder el terreno.

—Nuestra tasa de éxitos es superior al diez por ciento, lo cual nos ubica entre las mejores unidades de la China.

Dice el señor Wang, director de la agencia matrimonial estatal de un barrio de Pekín. En la sala hay guirnaldas de papel plateado y dos sillones rojos para los pretendientes, porque el rojo en chino significa felicidad. La agencia funciona como cualquier agencia, presentando candidatos. Y, si se casan, les da instrucciones:

"Los dos deben estar de acuerdo para tener relaciones sexuales: si uno está enfermo, cansado o deprimido, el otro debe ser comprensivo. Las relaciones están absolutamente prohibidas durante las reglas; forzar a la mujer la lastimaría y se podría arruinar el matrimonio. Es mejor abstenerse si se está cansado o si se ha bebido. Las relaciones no deben ser muy frecuentes: para los recién casados, cuatro a cinco veces por semana; después de unos meses, dos veces es suficiente", explica la cartilla. Aunque a veces no son tan liberales. Los estudiantes que se pasaron semanas acampando en Tien An

Men para hacer algún tipo de revolución tenían carpas separadas para hombres y mujeres.

—Aquí las relaciones sexuales se tratan con mucho cuidado, así que si dos alumnos tienen relaciones se lo considera algo muy grave.

Dice la señora directora. La señora me estaba explicando que su colegio es maravilloso, uno de los mejores de Shanghai. En el saloncito me han servido un té y por la ventana abierta se ve el patio: grandotes y grandotas hacen gimnasia por separado y se cruzan miradas y risitas. De fondo, un par de clases repite a coro versos chinos. Al lado, en un pizarrón, alguien ha escrito en inglés "calurosa bienvenida al amigo argentino". Los pasillos huelen bastante a pis pero en las aulas hay microscopios, computadoras y televisores.

La señora directora habla demasiado y, cada vez que la vicedirectora quiere meter un bocadillo, levanta la voz para mostrarle quién es quién. Las dos son cuarentonas y parecen profesoras de secundaria: hay estilos que son universales.

—¿Qué formación política les dan a los alumnos?

El intérprete traduce mi pregunta durante cinco minutos.

—Les enseñamos el dialecto materialista, también llamado materialismo dialéctico, conocimientos generales del marxismo leninismo y el pensamiento Mao, la filosofía, la situación nacional e internacional. Y antes que nada les inculcamos la moralidad de los ciudadanos chinos, la espiritualidad socialista.

Los grandotes en el patio están formando filas, toman distancia, trotan hacia el aula.

—Y, sobre todo, normas de conducta.

—¿Como qué?

—Ahora, con nuestro esfuerzo, ya no ocurren casos criminales entre los alumnos.

—¿Qué casos?

Por única vez y sin que sirva de precedente, la directora titubea y deja hablar a la vice.

—Los alumnos se comportaban mal en las relaciones sexuales.
—¿Qué quiere decir que se comportaban mal?
—Que tenían relaciones sexuales.

Después me explicarán que esos horrores, como casi todos los demás, vienen de los tiempos de la Revolución Cultural. Es curioso cómo han conseguido situar allí casi todos los males y descalificar, de un solo golpe, dos palabras interesantes: revolución, cultura. Shanghai fue su cuna y su cumbre.

Shanghai es una ciudad mediterránea, atiborrada, gritona, un puerto en la desembocadura de un río ancho construido a fin de siglo como enclave europeo para exportar materia prima y fabricar alguna cosa. Si Buenos Aires fuera fruta sería una bergamota: si fuese un animal, faisán sin plumas; si fuera una ciudad sería Shanghai. Shanghai está en las antípodas de Buenos Aires. Un alivio: no puedo irme más lejos. Shanghai es, en realidad, tres ciudades: la vieja ciudadela china, de calles tortuosas, casuchas y vida en la calle, donde la gente ocupa tres metros por persona; la city europea, con bancos como los porteños y las mejores arquitecturas modernistas atacadas por el descuido; los enormes suburbios soviéticos, mala réplica de Moscú con ropa tendida en las ventanas. En una tienda de antigüedades para turistas hay una pila de ejemplares del Libro Rojo y parvas de prendedores del Gran Timonel. En una especie de barrio comercial estilo falso chino un padre paralítico en su triciclo de paralítico revisa con su mujer, en medio de un cacareo excitado y oleadas de deleite, la pistola hiperrealista que acaban de comprar para su hijo, y otros matrimonios acechan el paso de un chico occidental para pedirle que se saque una foto con su hijo. Si se pudiera entender cómo la ciudad más maoísta de la China se ha vuelto la más capitalista se entendería mucho de esta historia.

Shanghai produce el 13 por ciento del producto bruto

chino. Shanghai tiene 16 millones de habitantes y es la ciudad más poblada del país más poblado; en las calles hay mercados donde se venden peces vivos, serpientes y gallinas: en las calles hay barberos y tahúres, billares, cocinas, baños abiertos, carpinteros, remendones, vendedores de todas las baratijas que en el mundo han sido y negocios rebosantes que ofrecen, entre tantas otras cosas, rolex falsos y brillosos que deben ser parte de un plan para desquiciar la economía de los cerdos capitalistas —o viceversa. También hay grandes hoteles, restoranes caros, mercedes entre las bicicletas; en las calles de Shanghai todavía hay mujeres muy viejas con los pies grandes como aceitunas porque para eso las vendaban, mujeres que pisan huevos con tacos altos recién traídos de la estepa, mujeres que se deslizan celestes en sus bicicletas como si montaran a Pegaso, mujeres que portan a sus hijos como aquellas banderas rojas y mujeres, incluso, de pasos que apisonan, con megáfono y brazalete rojo, que conservan el orden de las cosas. Y hay, en Shanghai, polleras, y algunas mujeres, incluso, que usan piernas.

—Anoche, a la entrada del hotel, había media docena de tipos que ofrecían mujeres.

—Aquí a la derecha tenemos el Palacio de Exposiciones, construido a fines de los años cincuenta...

Me contesta el intérprete, con la naturalidad de un actor patrio.

—Mujeres, ofrecían: prostitutas.

—Y esta que vamos es la calle más larga de la ciudad. Se llama Yunan, porque...

Pero los tipos existen, y también las *Shanghai miss* adolescentes que se ofrecen en los ascensores de los grandes hoteles por cincuenta dólares o tratan de llevarte a un karaoke, esos bares a la japonesa donde suena en un televisor la música sin letra de las canciones de moda y el parroquiano tiene que cantarlas mientras manotea el muslo de la miss de servicio. Es como la homosexualidad.

En China la homosexualidad ni siquiera es reprimida:

no hay. Como los árabes, los chinos jóvenes de un sexo se pasean de la mano, se tocan, se acarician —en público. La homosexualidad no existe pero en el Bund, la costanera de Shanghai, hay muchos hombrecitos que se muestran, se miran, se interpelan. Parece que ahora se usa el abordaje pedagógico-social.

—¿Querés que te cuente cómo es China en realidad?

Zhang tiene 19 años, un mechón de pelo negro que le cae sobre los ojos con desdén calculado y una camisa de algodón muy ancha, a la última moda de Hong Kong.

—No soporto los sacos Mao. Hacen que todo el mundo parezca uniformado.

Dice, en un inglés bastante fluido. El padre de Zhang es un militar de alto rango y Zhang estudia filosofía en la universidad. Está en la Juventud Comunista, porque hay que estar.

—Si no, no podría estudiar ni conseguir un trabajo cuando me reciba. Por eso tuve que afiliarme.

—¿Y tus compañeros de la Juventud están en la misma?

—Yo creo que nadie se lo cree realmente, que están ahí porque no tienen más remedio. Lo que yo quiero es irme, si consiguiera una visa me iría ya mismo.

Zhang se queja de que ni siquiera puede estudiar lo que quiere: para leer a Nietzsche tiene que conseguir ediciones de contrabando, made in Hong Kong.

—Eso nos pasa porque los chinos no somos ambiciosos. Lo único que queremos es comer, tener hijos, comprar el lavarropas. Los soviéticos sí que tienen ambiciones: después de setenta años, se pararon y dijeron basta. Pero los chinos son cobardes. Algunos te dicen: somos realistas. Me dan asco.

Estamos tomando cerveza en un barcito de cuatro mesas. Zhang ha saludado a todo el mundo pero me habla en voz baja y fuma mucho.

—Lo que me impresiona es que mucha gente ha cambiado de pronto, como mi abuela. Ella siempre fue una vieja marxista devota, que comentaba cualquier cosa con eslóganes ortodoxos. Y ahora parece haber cambiado totalmente, como si hubiera dejado todo su manto comunista y se hubiera vuelto sólo una vieja común, ordinaria. A mí me parece bien, pero creo que ella ha perdido todo lo que tenía. El otro día me dijo: "¿Te vas a ir de China? Deberías irte".

Cuando pido la cuenta, me traen una que suma las de las cuatro mesas. La dueña me lo dice, y todos los parroquianos me sonríen y me saludan con la cabeza. Me cabreo y me voy, así que nunca sabré cómo terminaba la historia. En la calle los camioncitos azules ya están desagotando pozos ciegos. Cada noche los camioncitos azules levantan unas diez mil toneladas de mierda que se usarán como abono en las granjas suburbanas. Ya lo dijo el camarada Mao: "En la Nueva China, ni los desperdicios deben desperdiciarse".

La unidad básica de la vida es, para la mayoría de los chinos, la empresa. La empresa les consigue alojamiento, provisiones, bonos de compra, diversión y, muchas veces, cónyuge. Por eso resulta tan complicado romper con la organización de la producción que incluye un 30 por ciento de empresas deficitarias. Si, como pretende el ala más reformista, se cerraran esas empresas, muchos millones quedarían en la calle; si no se cierran el déficit económico puede ser difícil de soportar. Por eso han empezado medidas parciales: aunque se mantiene una igualdad nominal en los salarios, las empresas deficitarias no podrán pagar bonos y premios, con lo cual los sueldos reales bajarán a la mitad o menos.

Mientras tanto, las empresas no directamente estatales —cooperativas, empresas rurales, joint ventures— emplean a sólo 16 millones de personas pero producen un 40 por ciento del total industrial.

—En el año 53 nuestro astillero producía mil toneladas por año; ahora puede producir unas cuarenta mil. Pero comparando con los países avanzados la producción todavía es muy baja. Se necesita mucho esfuerzo para aprender de los países avanzados.

Está lo de siempre: la salita, el té, los sillones con mantelitos de puntillas, el extraño triángulo en el que cada uno le habla al intérprete. El astillero es uno de los mayores de Shanghai y el ingeniero Wang es uno de sus directores:

—Imagínese que en Japón con seiscientas personas producen veinte mil toneladas por mes. Y nosotros necesitamos seis mil para hacer cuarenta mil toneladas en un año.

—Y si lo lograran, ¿qué harían con el resto de la gente?

El ingeniero Wang se ríe, nervioso, y dice algo sobre jubilarse más temprano, pero ese es el punto. Qué hacer con tanta gente si se moderniza la producción. Como ahora, por ejemplo, con la nueva tecnología alemana que está por llegar.

—Hemos hecho una joint venture con una empresa alemana para producir juntos.

—Pero si ellos están tan avanzados, ¿para qué quieren unirse con ustedes?

—El beneficio es mutuo: ellos proveen tecnología y experiencia administrativa y nosotros ponemos la infraestructura y la mano de obra barata.

Todo un programa. El astillero es grande y descuidado. Debe ser una empresa modelo, si no no me hubiesen dejado venir: tiene algo de modelo —grandes máquinas, producción que se exporta— y algo de china —desorden, mucha gente charlando, mucha basura. Los obreros trabajan ocho horas por día seis días por semana; feriado el miércoles, porque los feriados en China son rotativos, para racionalizar el uso de la electricidad y no inundar el mundo de obreros los domingos.

—Todavía hay que mejorar muchas cosas. Si un obrero trabaja muy bien y otro regular, los dos tienen el mismo sueldo. Las primas son distintas pero el sueldo es el mismo. Así la producción no aumenta mucho, porque los obreros no hacen esfuerzos suficientes: han estado demasiados años acostumbrados al "tazón de arroz de hierro", a la seguridad de que el Estado los mantendría. Nosotros tenemos que hacer un gran esfuerzo para romper esta mentalidad obsoleta y acabar con el empleo y el sueldo garantizado para los que no hacen nada. Es difícil, pero lo haremos.

El ingeniero Wang habla con la energía de un visionario chasco. Mientras vamos visitando el astillero, los obreros que lo ven venir simulan trabajar, como en cualquier lugar del mundo. Antes de irme, el intérprete aprovecha un aparte.

—Es duro ser intérprete en un astillero.
—¿No te gusta?
—Nada.
—¿Y cuando empezaste pensabas que te iba a gustar?
—Yo no lo elegí. Yo era maestro de inglés en una escuela y me gustaba más.
—¿Y por qué te cambiaste?
—No me cambié, me cambiaron. Así es el sistema. A veces te cambian a otra ciudad y tenés que dejar todo, incluso a tu mujer y la ves cada tanto, cuando te dejan viajar. Cada cual trabaja donde lo asignan y es muy difícil rechazar un puesto. A menos que tengas muchas relaciones.

Me parece que Liu nunca tuvo relaciones. Si las tuviera, probablemente no estaría en esta fonda pobre, aunque los fideos fríos y aromáticos que venden son excelentes. Liu es una minucia: debe haber sido muy difícil encontrar un saco Mao a su medida. Cuando Liu terminó el colegio, en 1969, todos los bachilleres fueron enviados al campo para fortalecer su fe revolucionaria y construir el verdadero socialismo. A Liu le tocó recoger caucho desde la madrugada hasta la noche en las montañas del Yunan, durante siete años.

—No sabíamos cuánto tiempo íbamos a estar. Simplemente nos mandaron, y era para toda la vida. Después se murió Mao, y nos dejaron volver, en el '77.

Ahora Liu trabaja en una fábrica de relojes de pared: no es muy duro pero tampoco tiene interés ni perspectiva. Liu es uno de los millones que perdieron el tren en la Revolución

Cultural y ahora está tratando de recuperarlo, aunque parece demasiado tarde. Todas las noches Liu estudia tres horas de inglés, porque quiere conseguir un empleo administrativo en una joint venture.

—Por suerte el socialismo no vuelve nunca más. La gente ahora es capaz de pensar, ha conocido otras cosas y no va a tolerar que vuelva aquello.

Liu se escapó del campo en cuanto pudo, pero la mayoría de los chinos han vivido allí desde siempre —y es su lugar. En China hay 800 millones de campesinos; fue en el campo donde empezó la reforma de Deng Xiaoping en 1980, descolectivizando la tierra y dándole a cada uno la posibilidad de vender sus excedentes en el mercado libre. Así que ahora hay muchos campesinos ricos, que se están construyendo casas de dos pisos con televisión, video y karaoke.

China es un continente lleno de regiones y culturas, lleno de diferencias, pero sus grandes ciudades se parecen cada vez más a cualquier gran ciudad del mundo. El mundo está perdiendo sus particularidades a paso de ganso. Pero para nosotros China está tan lejos que resulta impensable. En Buenos Aires, antes de salir, varios amigos no entendieron cuando les dije adónde iba.

—Así que te vas a Chile, qué bueno.

Solían decir, con una sonrisa de compromiso ante mi entusiasmo a todas luces desproporcionado.

—No, a China, te dije a China.

—¡Ah!

Ahora no entiendo nada, pero por otras razones. Cuando salí seguía creyendo en esa entelequia que solemos llamar Oriente, donde se mezcla la espiritualidad, cierto refinamiento, la sabiduría milenaria, un arte de vivir. Y lo buscaba en China: como quien fuera a Alemania pensando que va a discutir con Nietzsche, Mann y Wenders en el salón de Ana Magdalena Bach y se indignase porque un coro de señores rollizos y un poco racistas insistiera en hablar del mundial de Italia, por ejemplo. Es una tontería, pero igual estoy un poco decepcionado: quería encontrarme con la ajenidad absoluta y me topé con un mundo en vías de televisación. Pienso en anchurosas llanuras amarillas e imagino que, probablemente, la verdadera ajenidad esté en el campo. En la casa de los Xiu, en la provincia de Guangxi, en el sur de China, hay un microhondas y un horno de carbón. La casa les costó 70.000 yuanes en 1986: son dos habitaciones y un living llenos de almanaques de colores con fotos de mujeres rubias y ositos de peluche envueltos en plástico. Nada, ningún mueble, ningún adorno, tiene más de veinte años. La abuela se ocupa de la casa y de las plantas mientras los padres y las dos hijas adolescentes trabajan el campo. En la habitación de los padres hay una gran cama doble con colchón de gomaespuma y al lado otra, chiquitita y mustia, sin colchón.

—Lo que pasa es que no les gusta dormir en esa cama tan blanda —me explica la abuela—. Así que se pasan a la otra, a la de madera.

Hay, también, centenares de millones de campesinos que alcanzan apenas el nivel de subsistencia. Muchos campesinos de las orillas del río Li, casi vecinos de los Xiu, se pasan la vida sobre una balsa hecha de cuatro bambúes recogiendo algas con un palo para alimentar al chancho protector que se comerán un día de fiesta o venderán en caso de necesidad. Otros amaestran cormoranes para que pesquen para ellos. Y, en la época del arroz, todos salen al campo a cosechar.

En un pueblito de diez casas, un campesino que destila vino de arroz me muestra con orgullo su salón-dormitorio-comedor de madera renegrida y me hace entender que está aprendiendo inglés con un libro. La televisión está recubierta de volados y estatuitas de dioses de la fortuna. Sobre la pared las mujeres rubias de almanaque rodean al ancestro venerando y al camarada Mao.

—Mao un rey de la China muy bueno, muy bueno.

Me dice el hombre hablándome despacio, para que incluso yo pueda entenderlo. Después me invita a ver las tumbas de sus ancestros, en una colina llena de sol: está orgulloso porque sus muertos descansan en la tierra. El Estado hace campañas para que quemen a los muertos y no ocupen con ellos tierras necesarias para la agricultura. Los campesinos les explican que si los ancestros no están contentos no hay cosecha y que nada es más productivo que enterrarlos bien. En China incluso las discusiones funerarias aceptan argumentos económicos. Mientras tanto, de vuelta en las casas, un chico de tres años me ha secuestrado la llave de la bicicleta y me pide dos yuanes de rescate. A su alrededor hay caras que me hacen entender la palabra zafio: miradas de cebú, bocas caídas y un gesto permanente de sorpresa. Muchos de ellos no leen ni escriben y recién ahora, con la televisión, están aprendiendo la lengua oficial. Dos de ellos se me acercan y me tocan, me huelen.

Pero saben cómo posar para las fotos. He visto, en estos días, gran cantidad de chinos retratándose, en las más diversas circunstancias. Cuando ponen cara de foto, los chinos no sonríen: atascan el mentón y entrecierran los ojitos marrones como si miraran al futuro desde sus monumentos. Como en las grandes estatuas del presidente Mao. Quizás esta sea la última influencia que todavía le queda al Gran Timonel: la mueca de posar. Un campesino joven se ha comprado una casetera de Taiwán y tiene, vaya a saber por qué, un casete de Bob Marley.

—Get up,/ stand up,/ fight for your rights./ Get up,/ stand up,/ don't give up your fight.

Le hablo en inglés, pero no sabe una palabra. Bob Marley sigue llamando a todos a la lucha. Junto a su casa hay un árbol de mil cien años: en el pueblo todos saben quién lo plantó. El campesino me sonríe y apaga el aparato para tratar de que nos entendamos. Su hijo de dos años estaba bailoteando con la música y parece que va a llorar. Pero nosotros sabemos que los chinitos nunca lloran. Esta debe ser una excepción.

(1991)

Caparrós o la derrota esperanzada

Se sabe que el tío Pepe nunca se abandonó por una falda. La miniatura esmaltada lo muestra con el ceño apretado, las patillas frondosas, la nariz convexa y afilada, los ojos sin asombro y ni un atisbo de sueños en la mandíbula recia y mal cuadrada. Aquellos hombres se enfrentaban a opciones impensadas: tenían que decidir si seguirían siendo españoles o inventarían la posibilidad de un gentilicio sin pasado. Aún no había argentinos. Los inventores de un país siempre tienen naciones y padres extranjeros; por eso ellos, que no pueden ser hijos, se esfuerzan en ser los padres de una patria. Las patrias son siempre hijas de un puñado de bastardos, hijas de hijos sin filiación establecida.

Don José Caparrós había nacido en las Cuevas de Vera, en Almería, y había pasado al Nuevo Mundo como todos, huyendo del desierto y los olivos. Durante años comerció con vinos y jabones; en 1807, contra los ingleses, se descubrió un futuro de soldado. En el '10 se plegó al movimiento, como casi todos, porque no tenía por qué defender la tierra abandonada; en el '11 se ilustró en el asalto a la Isla de Ratas, que facilitó la toma de Montevideo, y recibió las charreteras de teniente del regimiento de Dragones. Aquellos hombres se labraban en poco tiempo una carrera: la patria que no era patria tampoco tenía instituciones todavía, y Mariano Moreno había explicado que era más conveniente —más barato— distribuir medallas y galones que el dinero que ya entonces escaseaba.

En el '13 desembarcó al mando de dieciocho hombres

en la isla de Martín García y la ocupó; unos días más tarde debió abandonarla, pero fue promovido a capitán y descubrió de pronto que su vida ya tenía un sentido. El tío Pepe era un palurdo tímido, de pocas letras y muy medianas luces pero sabía obedecer una orden con el taconeo más apropiado, y cobrar buenos bagres en las aguas revueltas de ese río.

—Hemos destituido al gobernador.
—Por mí, como si nombran a don Sancho Panza.
—Y vamos a decretar la autonomía.
—A mandar, señores, a mandar, que para eso soy soldado.

En el '16 estaba en La Rioja cuando un puñado de locales decidió que la provincia merecía ser independiente de un país que no existía. Al tío Pepe todo aquello lo tenía muy sin cuidado. En el '18 se incorporó al ejército de los Andes y el gran capitán lo ascendió, lo nombró su edecán y lo mandó a Buenos Aires a buscar dinero, porque sabía que no hay nada menos peligroso que un hombre sin imaginación ni pretensiones. Era teniente coronel cuando emprendió el viaje con una muda de ropa muy gastada, su sable corvo, su manta sanjuanina y una Biblia española que casi nunca abría. A la vuelta, en una posta cordobesa, usó —se dijo— de una mujer de crenchas desgreñadas que le hizo ver, por una vez y sin mañana, la posibilidad de otro destino. Pero retomó el camino, el traqueteo, las noches al raso y los naipes de soldado y en el '22 estaba de mayor a cargo de la ciudad de Lima. El tío Pepe no tenía hijos ni familia, no tenía siquiera una casa o una tierra en estas tierras, pero la revolución estaba construyendo la ilusión de un mundo que él vería —con simpleza, sin declamaciones, quizá con comprensión menguada— como su mundo, como su destino.

En 1824 la guerra estaba terminando. La campaña había durado dieciocho años y la última batalla ya llegaba. Fue en diciembre, en los llanos de Ayacucho —que significa en quechua "el rincón de los muertos"—: allí, en la madrugada del 9, el joven mariscal de Sucre se lanzó a la pelea contra el virrey De la Serna. Hubo marchas y contramarchas, fugas y avances, gritos y desbandes. Al mediodía la guerra era un recuerdo con aroma a cadáver. Catorce generales españoles y cientos de jefes y oficiales entregaron sus sables, sus honores. El coronel don José Caparrós era uno de ellos: dos meses antes, cuando ya se veía el final del largo túnel, se había pasado con armas y bagajes al ejército godo, para ser derrotado y llevar el controvertido arte de la traición a sus más altas cimas.

No se sabe si hubo antes de ese día una noche de insomnio, una ambición insatisfecha, una iluminación o un terror pertinaz e irreparable. Sí que después de tantos años de batalla huyó de la victoria, se pasó al enemigo. O quizás al amigo, a la tierra de origen súbitamente recuperada en un olor de azahares, en un aire de copla, en un guisado.

Algunos dicen haberlo visto, tiempo después, en México; otros, en España. Otros, aun, sostienen que fue sumariamente fusilado por el horror de sus camaradas que, como tantos otros, podrían haber perdonado casi todo pero no la derrota voluntaria, artera. Lo que todos los cronistas aceptan como cierto es que no tuvo descendencia, que los rastros de su sangre se pierden, se disuelven, que no dejó herederos.

(1989)

Mato Grosso
El mismo río

Son las ocho del sol de la mañana y el barco espera, perezoso, en el atracadero, porque los barcos son sujetos inmóviles. Cuando el mundo y el viajero se ponen en marcha, la mole repintada del barco es la única quietud, la única fijeza que permite que esos otros movimientos se consumen.

Desde la medianoche, paraguayos han estado subiendo al barco con cajones de frutas, armarios, sillas, bolsos, grandes paquetes y, después, una moto de cross brillante de cromados que patina peligrosa en la planchada. El marinero que la traía se cayó y consiguió que la moto cayera exactamente encima suyo; tras el golpe, el hombre se levantó con dificultad para mostrar orgulloso que la moto no tenía ni un rasguño. Durante la noche, putas muy escuálidas que suelen parar frente a la estación de trenes de Asunción se acercaban a la planchada y convencían a más de uno con el argumento del viaje como privación. Hay viajeros que sólo confían en los países donde las putas son mujeres gordas. Cerrado el trato, parroquiano y samaritana se alejaban unos metros y, al rato, salían de detrás de un paredón acomodándose la ropa. Después salió el sol y, poco antes de las ocho, sonaron las sirenas y el murmullo de las conversaciones se hizo algarabía de saludos: el muelle del puerto de Asunción empieza a despegarse, lentamente, de la motonave *Mariscal Carlos Antonio López*. Hay pañuelos y vuelo de pañuelos. Una radio muy fuerte anuncia bailes tropicales para este fin de semana. Siempre hay algún baile en los puertos que un barco va dejando. La radio se relame por una cerveza local que "¡no refresca, recalienta!". El río Paraguay ya fluye, lento, contra la mole repintada.

El *Carlos Antonio López* tiene 76 metros de eslora, 10 de manga y desplaza 1.174 toneladas a un promedio de 14 kilómetros por hora. En cada viaje lleva un contingente de unos sesenta turistas, mayormente argentinos, con rumbo a Corumbá, en el Mato Grosso brasileño, mil doscientos kilómetros al norte, y un centenar de paraguayos hacia los puertos intermedios del camino. Los turistas dormirán en camarotes con baño y aire acondicionado; los paraguayos, en los grandes camarotes de segunda o en la cubierta superior, en sus hamacas de colores. El barco —el río— es el único acceso a esos mil kilómetros de tierra y pantanales, de pequeños pueblos sin caminos.

Primer día de navegación: horas y horas sin ver un pueblo. Si acaso algún rancho aislado, algún bote de pescadores, tierras bajas y rojas con palmeras que van a morir al río suavemente. Hace calor y nada desentona.

En la cubierta más alta los cajones de bananas, mangos, duraznos, aguacates intentan apropiarse del paisaje, como si salir a la intemperie las devolviera al origen, las hiciera más auténticas. Pero las frutas vienen de la civilización, están normalizadas. En la cubierta, los cajones delimitan un puesto de comidas regenteado por una matrona de carnes impúdicas donde las frutas se piden por nombres guaraníes. Justo debajo los turistas comen tres platos en el restorán refrigerado. El arriba y el abajo invierten por momentos sus polaridades, pero se mantienen. Hay cruces, miradas, sonrisas, comentarios, un mango reventón enchastrando las manos del viajero bajo el sol de la última cubierta. La mujer gorda que se ríe del enchastre:

—¿No sabías comer un mango, che patrón?
El viajero piensa qué es el exotismo, se pregunta: "¿El exotismo, qué?"

El viajero se sienta bajo la sombra de un toldo en la última cubierta y piensa que tiene que leer a Quiroga: "A la misma época pertenecía el cacique Pedrito, cuyas indiadas mansas compraron en los obrajes los primeros pantalones. Nadie le había oído a este cacique de faz como india una palabra en lengua cristiana, hasta el día en que, al lado de un hombre que silbaba un aria de *La Traviata*, el cacique prestó un momento atención, diciendo luego en perfecto castellano:
"—La Traviata… Yo asistí a su estreno en Montevideo, en el '59…"

El Paraguay es un río ancho, entre quinientos y mil metros todo a lo largo de su curso. Corre suave, sereno, sin exaltaciones ni exabruptos, con la seguridad de que nunca llegará adonde quiera que llegue. Con la serenidad de lo perfectamente innecesario.

Los turistas conforman una especie casi inmóvil por lo previsible de sus movimientos y, aun así, resbaladiza. Son pieles lechosas untadas en leches que les permitirán estar al sol como si no estuvieran. Estar como si no estuvieran y mirar al desgaire: los turistas conforman una especie previsible por lo inmóvil. Algunos turistas se quejan de los paraguayos extendidos con frutas y paquetes y hamacas por la cubierta alta. Otros los contradicen: "Los que se quejan no se dan cuenta de que ellos son seres humanos como nosotros", dice uno de los comprensivos. "Pero claro, no todos pueden entenderlo".

El viaje del turista es circular, trayecto de ida y vuelta sin más llegada que el punto de partida: un viaje casi puro, sin más objeto que el viaje —sus recuerdos—. Los paraguayos van a alguna parte. Y llegan: de tanto en tanto el bote salvavidas baja hasta el río con chirriar de cadenas; alguien sube y un par de marineros lo lleva hasta la costa, lo deja en la costa junto a una casa de madera sobre pilotes o en medio de pilotes. Es un espectáculo: además, siempre cabe la posibilidad de esperar un accidente, algo inesperado. El barco, mientras tanto, boga despacio; la chalupa vuelve, lo alcanza y es izada otra vez hasta su sitio.

Es de noche, la primera noche, y se han callado las voces guaraníes, los gritos de los pájaros. El *López* no ofrece más posibilidad de aventura que el silencio. Sólo se oye el rumor de las aguas en el casco y, de a ratos, el canto de un urutaú que, como corresponde, llora llora.

El barco —el río— se alejan ahora de Concepción: segundo día, primera parada. Los turistas saltan con avidez a tierra. Concepción es el pueblo más grande del trayecto paraguayo, una casi ciudad de calles anchas y sol como morteros con un mercado donde se deslizan viejas carretas tiradas por bueyes cornalones y una vaca flacucha come gozosa la basura. Se venden frutas muy pasadas, pescados del río y carnes demasiado rojas, casi opacas: el color general es un gris ceniciento. El mercado es menos pintoresco que simplemente pobre.

El exotismo es una condición de la mirada.

Un argentino, gerente de sucursal suburbana de banco privado, recuerda con nostalgia unas milanesas modélicas y explica a un corro de compatriotas que no se crean que tomó este barco por el precio, sino porque ya está cansado de ir a Europa. Ya estuvo tres veces y no tenía mucho sentido volver.

—Es claro —dice—. La primera vez uno se impresiona y todo le parece fabuloso y le parece que no tiene tiempo para nada. Entonces te quedás calentito y tratás de volver lo antes posible. La segunda vez te lo tomás con más calma y disfrutás mucho mejor. En cambio la tercera vas a los lugares y lo que más te acordás es de vos en esos lugares, así que ya no tiene mucho sentido, ¿me entendés?

Calor, motín de pájaros: el viajero piensa que cualquier otra cosa que produjera semejante nivel de decibelios sería execrable, y execrada. Pero lo natural es admirable, y debe ser admirado, dicen nuestros cánones: elogio de lo perdido, nostalgia de lo que nunca fue.

En el barco, las comidas marcan el ritmo de una vida que ha perdido sus baremos habituales: son los mojones, el nombre de las horas. El viajero comparte la mesa más variopinta con dos belgas, varones y maduros, un matrimonio japonés pasando los sesenta y una pareja chacarera de mediana edad, del sur de Buenos Aires. Uno de los belgas ha pescado, en Concepción, unos pacús, y los viejos japoneses, con la sonrisa infaltable, han traído el wasabi y la soja para comerlos en sashimi, es decir: crudos.

El viajero se sienta bajo su sombra del toldo de la cubierta alta, mira pasar el río y piensa que tiene que leer a Pierre Clastres, un antropólogo francés que trabajó sobre los indios que pueblan —¿poblaban?— las orillas que corren bajo su mirada. "El jefe debe ser generoso y dar todo lo que se le pide: en algunas de estas tribus se puede reconocer al jefe por el hecho de que posee menos que los demás y que lleva los adornos más miserables. Todo lo demás se le ha ido en regalos". O, más allá: "Se puede decir no ya que el jefe es un *hombre que habla*, sino que aquel que habla es el jefe". El viajero calla, no extrapola.

En la cubierta de los paraguayos no hay carcajadas, ni voces demasiado altas; hombres miran el murmullo del río desde sus hamacas, como si nada nunca terminara; mujeres lavan eternamente toallas, docenas y docenas de toallas de colores que cuelgan de la barandilla como estandartes indecisos; y una cría morocha y gordinflona juega con un gato de dos meses, le canta en guaraní y el gato entiende. Hace calor, espeso, malcriado, y el río se mueve con estertores de pereza. En las orillas, la costa se deshace en pantanos y bañados; en algún manchón de tierra crece una palmera. El tiempo es otro.

Arriba y abajo: quizá la guerra de los mundos o, mejor: historia de dos ciudades, dos tierras que se rozan cautamente. Hay baile en el salón refrigerado de turistas; por los ventanales que dan a cubierta, paraguayos miran pacientes, con sonrisas, el baile de los otros.

El exotismo es una condición de cada mirada.

El viajero habla con el capitán Rojas, a cargo del *López*, que le cuenta detalles de esta navegación de trabajo incesante, donde el oficial tiene que ir buscando metro a metro el canal del río, donde un ayudante tantea la profundidad a golpes de sonda y grita un sonsonete que se va haciendo letanía: "Diez pies... Once pies... Diez pies... Diez pies..." El capitán Rojas es un señor retaco y gordo, muy yéneral González en versión Sancho Panza, con bigote oscuro y rayban de reglamento que ayer, en la ceremonia de presentación de autoridades, se puso de pie como impulsado por resortes para agradecer —o provocar— los aplausos que esperaba. Sin embargo el capitán Rojas no tiene los mismos privilegios que su predecesor: ex compañero de colegio de Stroessner, el capitán anterior recibía el honor de la visita del Supremo cada vez que su barco abandonaba Asunción. Cuentan que, entonces, un despliegue de motoristas y metralletas inundaba el muelle y a veces, incluso, una banda marcializaba la ocasión mientras las armas apuntaban hacia todo lo que se moviera.

El barco —el río— se internan hacia la ilusión de una selva enmarañada, impenetrable, erizada de monos parlanchines y serpientes silbadoras y fieras sin nombre todavía que nunca llega —que, como Eldorado, como todo el resto, está siempre un poco más allá, más lejos, en la tierra del mito.

Sobre la cubierta, el mundo —el barco— sigue empeñado en deslizarse. El viajero lee un libro y el paisaje cuando se le acerca una india, tan gorda como encinta. "Buen día", dice, como si no lo hubiera dicho nunca, y el viajero contesta. Pero la india se queda, de pie a su lado, mirándolo en silencio. El viajero baraja hipótesis, posibilidades, hasta que ella le habla.

—Usté, che patrón, debés tener un remedio para eso.

Dice, mostrando un brazo hinchado por brutas picaduras. Y ante la negativa, la insistencia: está claro que el blanco que lee tiene que conocer los secretos de la curación, otros secretos.

Los paisajes se suceden y se parecen. Aprender a encontrar las diferencias de lo semejante, el peso del matiz. Darle a cada imagen una entidad particular: conocerla.

Hay un austríaco, hippie viejo, cercano a los cuarenta, que pasa las horas sin bajar de su hamaca tendida en la cubierta alta, sintiendo cómo el sol hace crecer su barba. "Tengo dos meses para llegar a Lima", dice una tarde en un castellano imperceptible. Otra mitología del viaje: la de la iniciación, la de un tiempo sin tiempo porque sin objetivos, un tiempo que se basta a sí mismo, que no persigue metas, que no persigue ni siquiera elaborar recuerdos, que no persigue. Que yace en una hamaca, meciéndose si acaso muy de tanto en tanto, cuando el calor aprieta.

Media mañana del tercer día: a la izquierda del barco queda Porto Murtinho, primera población brasileña. A partir de ahora habrá una costa paraguaya, a babor, y la otra, a estribor, la brasileña.

El exotismo está hecho también de relatos —libros, películas, cuentos— que el extranjero ha recibido alguna vez y que, al mirar, aplica sobre la superficie impenetrable de lo diferente —que se ofrece como espectáculo incomprensible ante sus ojos. El exotismo es un ejercicio de adecuación sin éxito posible.

Fuerte Olimpo es un fuerte paraguayo, puesto avanzado de la colonia española en la lucha contra los bandeirantes. Hay un fuerte en un monte, una iglesia del siglo XVIII y un sol que cae y tiñe el aire de un rosa peregrino. Todo el pueblo se acerca a la ribera a recibir al *López*, con carros, burros y bueyes, y una fila de soldaditos adolescentes con pantalón verde oliva y camisetas blancas y gastadas baja desde el morro en formación hormigueante y se estaciona, como una guardia de honor amenazada, frente al muelle de madera raída por las aguas. Después ayudarán a descargar cajones de cocacola, bolsas de cebollas y papas y tres mecedoras de mimbre que se balancearán, desoladas, sobre la tierra barrosa de la ribera. El barco es el único vínculo con el resto del mundo: los pobladores, en enjambre, en silencio, suben con sus bolsas de compras a hacerse de frutas y verduras en el mercado irregular de la cubierta. Ya es de noche.

No hay límites. No quedan referencias.

El río sigue fluyendo bajo el barco, cuya inmovilidad perfecta lo lleva a deslizarse cada vez más lejos, más adentro. Horas y horas transcurren entre pueblo y pueblo, y de esos pueblos no parten caminos: sólo el río, que avanza siempre más y más allá. Vértigo del mapa: estamos en el medio de la masa, en plena *terra incognita*, a miles de kilómetros de cualquier costa, encerrados en el agua sin desvíos. Exterior noche: las luciérnagas confunden sus destellos con estrellas en la sombra tropical sin asomo de luna y el silencio es el grito de ejércitos de grillos y de ranas. Y la única salida es esta falta de salida, este encierro en un mundo demasiado abierto. El barco sigue inmóvil: el río, el mundo, fluyen hacia adentro.

Una turista treintona pero aposentada que viaja sola y nunca se saca un pañuelo verde de la cabeza, provocando todo tipo de sospechas y conjeturas, dice que le gustan los viajes en barco porque se conoce gente:

—Me gustan los viajes en barco porque se conoce gente, una no se siente sola. Yo cuando fui a Colonia siempre fui en barco, nunca en el alíscafo ni el micro. Los viajes no hay que desperdiciarlos, ¿sabés?

El viajero, en travesía hacia palabras adecuadas, sigue de Carpentier pasos perdidos: "Llevo más de una hora aquí, sin moverme, sabiendo cuán inútil es andar donde siempre se estará en el centro de lo contemplado... Me vuelvo hacia el río. Su caudal es tan vasto que los raudales, torbellinos, resabios, que agitan su perenne descenso se funden en la unidad de un pulso que late de estíos a lluvias con los mismos descansos y paroxismos, desde antes de que el hombre fuera inventado". El viajero suspira, relevado de la obligación de la mirada.

El mundo reducido, limitado del barco como alivio, como serenidad: no hay más allá posible, el mundo —por unos días— tiene límites precisos. Los guaraníes que poblaban estas tierras creían —al contrario de buena parte de la tradición occidental— que lo Uno era lo malo, lo incompleto, lo que está confinado en una sola posibilidad sin aperturas. En sus cosmogonías, el Dos, lo Doble, era lo bueno y lo deseable: el hombre como dos podía ser lo que era y también lo que deseaba, él y no él, también el otro, hombre y compañero de los dioses. Y así la angustia de la aspiración al Dos, a la imposible conciliación, a la completitud perdida de antemano. Aquí, en el barco, no hay peligro de preguntarse qué más. Aquí, en el barco, todo está felizmente cerrado de antemano.

El exotismo es la escritura de otra historia sobre el contorno de objetos atisbados.

En el salón hay baile de disfraces. La señora de L. y el viajero no se disfrazan: son los únicos que no se disfrazan. Desde rincones opuestos del salón, entre indiecitas, griegos y satanes, la señora de L. y el viajero se miran como si ya supieran sus recíprocos disfraces, como si ya supieran.

El blanco refulgente de un techo entre palmeras y algún perro bebiendo en las orillas anuncian que el barco —el río— está llegando a Puerto Esperanza, paraguayo, en la mañana del cuarto día. Por alguna razón inexplicable los parlantes del barco, que hasta ahora se habían mantenido en calma, estallan en una versión amilongada de "El Choclo". Preparan, quizás, el baile del chamán. Puerto Esperanza es un pueblo sin luz ni agua corriente, concentración dispersa de cabañas de troncos sobre pilotes y pequeños corrales con cerdos y cebúes donde viven unas veinte familias de la tribu chamacoco. Esperanza, lo llaman. Es un puerto.

Mientras el *López* maniobra para fondear junto a la orilla, chicos pescan botellas de plástico que alguien ha tirado, a la deriva. Se emplean en ello con todo su entusiasmo, y el viajero piensa en la dificultad, el tiempo y el trabajo necesarios para fabricar un recipiente a la vieja manera chamacoco ahora salvados por esta pesca de residuos, este festín de las migajas.

Los turistas ya están en tierra —en barro— chapoteando. Un chico muy chiquito se acerca a un turista y le pide cien. "Deme cien", le dice, repite, deme cien. El turista, mayor, campechano, dueño de una casa de repuestos para el automotor en Lanús, le explica los secretos de la vida: "¡Nooo!", le dice. "Para tener plata tenés que trabajar".

El viejo chamán —mago, brujo— tiene 84 años y termina de pintarse la cara bajo un árbol para la ceremonia. Después, baila en medio de la ronda de caras que no creen en sus invocaciones. El chamán salta, grita, susurra y lanza miradas de relámpago, pero no consigue acallar el ruido de las cámaras de fotos. Más tarde, ya en el barco, la cuestión será objeto de un debate, agrio por momentos, casi violento. No hay conclusión, aun cuando son muchos los que no saben que el chamán cobró, por su baile, un dólar con cincuenta.

¿Qué pasa cuando una cultura, en su agonía, se presta a presentarse como espectáculo, como show que vacía de todos sus sentidos lo que hasta ayer fue rito, invocación, embrujo poderoso? ¿Cuando se acepta el papel caricaturesco de la propia acción, argentinos, qué sucede? El viajero piensa que se sentiría casi satisfecho si, al menos, la cuestión le resultara estrictamente ajena.

Pájaros hay, en las orillas. Cigüeñas, garzas, mbiguás, cotorras, loros, docenas que no tienen nombre. Además, se cuentan historias de cazadores, historias de otros animales que estarían siempre más allá, tierra adentro, como otros tantos Eldorados de míticos pelajes aurinegros.

Otro pueblo, poco antes del atardecer: Bahía Negra es el último puesto paraguayo y tiene una guarnición de ejército y otra de marina, cuyos soldaditos —entre catorce y dieciséis años— esperan en formación la llegada del barco sobre el muelle. Una vez armado el pontón que sostiene la planchada, la tropa se lanzará en tropel al abordaje para comprarse helados, "porque acá no tenemos energía para las heladeras, ni un poquito".

(Su capitán, con rayban y remera ranger, se jacta de ser amigo de Rico y Seineldín y todavía conserva cierto aspecto lustroso, casi temible, porque hace sólo una semana que ha llegado a Bahía Negra, su nuevo destino, su desierto sin tártaros siquiera.)

A veinte kilómetros tierra adentro de Bahía Negra hay una reserva chamacoco, Potreritos, donde vive el núcleo de indios que más fieramente intenta conservar sus tradiciones y modos de vida. Tienen 21.000 hectáreas concedidas por el gobierno y algunas ayudas internacionales que les permiten desarrollar un principio de agricultura. Bruno Barra tiene cuarenta y tantos años, corpulencia de oso y un habla pausada y calma, como si nada pudiera sucederle o todo le hubiera sucedido ya, en algún otro tiempo. Bruno Barra es uno de los caciques y cuenta que mantiene la vieja tradición de poligamia de los jefes de su tribu y tiene tres esposas que viven en armonía y en su casa. También cuenta lo que le ha costado a su gente pasar de la caza y la pesca en que basaban su supervivencia nómade a la agricultura sedentaria, y cómo son de duros los ritos de pasaje que hacen que un chico chamacoco se haga un hombre. Y cuenta sobre sus dioses, que no quiere dejar morir, y sobre sus ancestros y su idioma y su fuerza de convicción es suave, segura, como de quien sabe que los otros también temen.

Ahora, tras las aguas, el paisaje parece infinito y eterno, quieto como un perro que señalara una presa siempre fugitiva.

El uruguayo cuarentón y pálido que dice haber sido croupier en Las Vegas aunque nadie le crea, y ahora tiene la concesión del bar de segunda clase con sus máquinas tragamonedas y su ruleta de 36 números y tapete verde, que toma té, toma incesantemente té y pierde mano tras mano sin más síntomas que un sudor diluviano. El belga cincuentón, canoso, de nariz respingona, bigotito recortado y zapatos cuidadosamente blancos, seductor de otros tiempos y otras películas, para quien el dinero que se juega en la mesa son monedas. Los dos paraguayos de manos callosas y camisas reventonas sobre el pecho demasiado hinchado, demasiado trabajado por trabajos rudos, que se alternan y se alientan mutuamente en el tapete y cuentan con los ojos cada ficha perdida. El argentino ingeniero que viaja con mujer e hijos, con aspecto de padre y esposo bien sometido a los caprichos del entorno, usualmente cariacontecido, algo encorvado y que ahora, frente al trasiego de barajas, mantiene un silencio altivo, un porte irreprochable y pierde sin parar. Es medianoche. Arriba, en el salón climatizado de primera clase, hay otro baile y aquí abajo, en el bochorno del bar de segunda, hace siete horas que estos cinco hombres están trenzados en un poker sin tregua. Hay momentos tensos, miradas, exclamaciones que el ex croupier intenta suavizar con algún gesto desprovisto de gracia. Un jovencito, pinche de cocina, se ocupa de la caja de fichas de colores, a dólar la unidad, y los mozos con camisas desabotonadas traen los whiskies y el té del uruguayo. El belga va ganando; no bebe y uno de los paraguayos insiste mucho en convidarle un whisky. Es probable que ninguno de los cinco se levante en el resto de la noche. Mañana a la mañana, quizá, cuando el río llegue a Corumbá, la capital del Pantanal del Mato Grosso, martes de carnaval.

Todo viaje depende de la carga de mito que el viajero sea capaz de agregarle, voluntaria o involuntariamente. Historias de conquistadores enloquecidos bajando un río que se prolongaba más allá del más allá o de un hombre remontando otro río para matar a otro Kurt cuya lucidez deviene omnipotencia o de hacheros bebiéndose en un alcohol interminable todo el agua que los separa de quién sabe qué mundos o de canoas de un jefe guaraní llevando a sus guerreros contra la tozudez de un servidor de San Ignacio. O la propia impotencia, la incapacidad de no entender la vida sino como un largo viaje sobre un barco inmóvil, desesperantemente inmóvil, perfecto, magnífico, perfectamente ajeno.

Últimas aguas del río: el paisaje cambió, sin alharacas. La vegetación se hace más apretada, más impracticable, y hay monos en el horizonte. En la proa del *López*, bajo un sol espeso, dos turistas escuchan con radio poderosa la cotización del dólar en la city porteña. Hay otros que se interesan por el dato y una rubia teñida que deplora la obstinación de su marido. La escena parece desplazada, fuera de lugar. O quizá no tenga lugar —y sólo tiempo.

Corumbá es una ciudad amable y sin historias, fuerte fundado por los bandeirantes a fines del siglo XVIII para detener los avances españoles y refundado en 1871 tras la guerra de la Triple Alianza: un puesto militar que fue pasando a ciudad como puerto para el comercio de frutos de la tierra: las carnes de los cebúes del Pantanal y el hierro y el manganeso de las grandes minas. En Corumbá hay morros que bajan su vegetación hasta las orillas del Paraguay, calles anchas y arboladas, casas de principios de siglo mezcladas con adefesios más recientes, calma provinciana y un calor insigne en el que nada se mueve ahora, siesta de carnaval.

Hay un tour por la ciudad y, como en otros periplos semejantes, el viajero se asombra de la exacta repartición del tiempo del trayecto entre visitas a los lugares memorables —fotografiables— y las paradas en las tiendas regionales. Dos formas de aproximación que el turista ejerce: la fotografía, la compra de "artesanías y productos típicos". Dos formas distintas de la imagen que aseguran la persistencia del viaje: el viaje como acumulación ("conocer, tener experiencias, acopiar anécdotas") se sintetiza y sublima en esas dos subespecies de la *imagen*, del ícono recordatorio. Búsqueda de la persistencia, con pruebas que garanticen la perdurabilidad de lo efímero, de la fugacidad del paso por un lugar ajeno. ¿Cuál es la desconfianza básica, se pregunta el viajero, que los impulsa a esa búsqueda de testimonios, incuestionables, de la existencia del viaje?

La condición del exotismo es la fugacidad.

Un par de días atrás, recuerda el viajero, en Puerto Esperanza, un grupo de mujeres le pidió que les sacara una foto. El viajero les explicó que no podrían verla y una mujer dijo que no importaba, que no era para eso. "No es para eso, no. Así vamos a estar también en otro lugar, che patrón", dijo una mujer, en la esperanza de ser Dos.

La noche cae temprano en Corumbá y, con ella, el carnaval. En una avenida ancha y empedrada, con palmeras muy altas, rectas como traiciones, se ha montado un sambódromo a escala con palcos compuestos por una mesa de lata y cuatro sillas en espacios delimitados por alambres y chapas. Ocho escolas de samba con lujos de pobreza desfilan en un derroche de entusiasmo y el ritmo de sus tambores y sus movimientos no es menor que el de sus modelos. Hay polleras cortonas y volantineras, lambadeiras, que enroscan sus deslices en el aire, y manos y cuerpos que se tocan como si no necesitaran ese tacto. Hay color de sudor y aromas acres, hay una suave furia desplegada. Esta noche, en estas mismas horas, hay cientos de ciudades brasileñas donde el ritual se está reproduciendo a escalas muy diversas. La televisión difunde el paradigma, el carnaval carioca, pero no hay ciudad o pueblo que no repita el acto. En las calles de Corumbá hay miles de personas con la obligación del desenfreno, del delirio. En las calles de Brasil muchos millones, más de un centenar.

Turistas buscan la espalda de sus señoras para mirar a voluntad las espaldas de señoritas cuyas espaldas terminan húmedas en un vacío repleto. Los turistas van en grupos de ocho o diez: el gerente de banco suburbano ha bebido demasiada cerveza y su mano se escapa hacia uno de los vacíos más sudorosos, más agitados. El manotazo de un compañero de ruta le impide hacer blanco en su objetivo movedizo.

—¡Cuidado, Ernesto, no seas animal! ¿No ves que nos vas a hacer quedar para la mierda?

Ernesto está borracho pero igual baja la mano, atiende las razones. El compañero insiste, para que quede una enseñanza:

—En serio, viejo, calmate. ¿Qué van a pensar los brasileros de nosotros?

Ha pasado un día de expiación y recogimiento, sin siquiera la música de Orfeo Negro para darle a la resaca su estética más triste y ahora la tarde se derrumba, con colores de violencia tropical, sobre el miércoles de ceniza. El viajero está dejando Corumbá en un jeep 4x4 con hielo y provisiones. Allí va Bert, alemán de sesenta, con su barbita recortada, su vientre incontenible y una parafernalia de cámaras, videos y grabadores para registrar los más mínimos movimientos y cantos de las aves. Bert ha escrito un libro sobre los pájaros del Brasil, y vuelve a visitarlos. También va Dave, escocés de cuarenta, flaco y rubicundo, veterinario que vivió años en África Central trabajando sobre genética animal entre leones, elefantes, cebras. Y Vicente, el guía corumbense en sus treinta y tantos, que ha pasado casi veinte cazando, pescando y recorriendo estos lugares. Con ellos, el jeep se lanza a una carretera de pozos y fandango: cuatro horas más tarde llegará al corazón del Pantanal.

El Pantanal no es pantanoso. No se ven ciénagas, arenas movedizas y manglares, sino aguas claras, lagunas, ríos y bañados. Todos los años, en algún momento del verano, llega la *cheia*, la crecida: en unos días, casi todo el territorio queda cubierto por dos o tres metros de agua y la vida se concentra en los pocos islotes remanentes. Son los tiempos del éxodo. Los cebúes del Pantanal son arreados en grandes tropillas, de miles de cabezas, en trayectos de quince o veinte días hacia los morros, donde esperarán la bajada de las aguas, la llegada de la mítica paloma.

En la mañana los colores se hacen hirientes, el blanco, los rojos y los verdes. El Pantanal se mueve al compás de gritos infinitos, chillidos sin descanso. Hay yacarés y carpinchos —capivaras— que beben en orillas. Hay gamos —viadas— y el fulgor de una anaconda. Hay monos atronando los árboles, pardos los machos, las hembras amarillas. Hay iguanas enormes, antediluvianas. Hay pecaríes, e historias de jaguares invisibles. Y pájaros: toneladas de pájaros. El jeep avanza por pastizales húmedos, pequeños ríos, bosques de palmeras. Los animales, a veces, ni siquiera huyen.

Vicente, el guía, habla de mujeres casi tanto como de animales y de animales sabe mucho. Va buscando con el jeep los lugares recónditos, los escondites de cada especie, los señala, los muestra. El viajero, a esta altura, se postula todavía como el perfecto baqueano zen: no se entera de nada, o casi nada, hasta que se lo incrustan en los ojos.

El Pantanal, dice Vicente, está amenazado. Los ríos bajan del norte con una carga de mercurio que puede ser fatal. El mercurio viene de los enjuagues de los garimpeiros, los buscadores de oro que lo usan para separar del mineral la escoria, y se cuentan casos de animales enloquecidos por la droga, que adoptan las conductas más extrañas. Magnífica la idea de esta vasta reserva como un hospicio a cielo abierto de animales locos.

El señor veterinario David Porter, mister Porter, arroja grandes piedras a la cabeza de los yacarés, con carcajadas, mientras el sol va enrojeciendo su cara pelirroja, sus cejas memorablemente british. Después, en los peores momentos del bochorno, sacará de un bolso muy pequeño una sombrillita encarnada, plegable y minúscula, que mantendrá sobre su cabeza rubicunda como si un sikh la sostuviera. Old Empire not dead, rezonga Luca Prodan.

Mediodía. El mundo se detiene en el punto inmediatamente previo a la ebullición. La insistencia del sol es cálidamente superflua: es como si el calor saliera de todas partes, de las lagunas, de la tierra, de los troncos de los árboles. Hace ya un rato que no se oye un grito, un graznido, que no se ve un animal, que no se mueven siquiera las hojas. Los hombres extienden sus hamacas a la sombra, se refugian en la sombra. La vida está en suspenso. La siesta no es, piensa el viajero, un invento del hombre; es, en todo caso, supervivencia de viejos atavismos animales. "Lo que está en la Naturaleza nunca es falso", decía Voltaire, recuerda, por fin justificado por la letra impresa.

Bert, el ornitólogo, habla de las costumbres del joao de barro —aquí, hornero. El viajero le cuenta acerca de su importancia en el imaginario patrio, de cómo generaciones de maestras primarias lo han presentado a sus blancas palomitas como un ideal de identificación: el ahorro, la laboriosidad, la vida en dulce armonía familiar como ejemplos dignos de indeclinable mímesis. El alemán se ríe, con risa de cerveza, y dice que otro rasgo interesante del hornero es que si sabe —¿sospecha?— que su mujer lo engaña, la encierra en su casita con sala y con alcoba y tapia definitivamente con barro la salida, la amura, la empareda hasta la muerte, como en un cuento cruel del viejo Poe. De cómo lo ejemplar, en Argentina, se degrada en tango.

Por la tarde, a eso de las tres, la vida vuelve a la sabana. Los yacarés se tornan más confiados, no huyen ante los ruidos de las cámaras. Iguanas, enormes, en la punta de los árboles, abrazadas a una rama se mecen suavemente, como aquel rencor. Los monos y pájaros gritan sin concierto. En los ríos peces brillantes saltan sobre las aguas rojas, teñidas de hierro y manganeso. Hay una visión paranoica de la selva: el misterio —la amenaza— de esa vida secreta que transcurre detrás de la maleza, impenetrable, bajo el agua, tras las enramadas, a nuestras espaldas, contra nosotros. Un mundo hecho de gritos, rastros, burbujas en el agua, ramas recién movidas que constituyen signos de lo desconocido, lo acechante.

Está prohibido cazar en todo el territorio del Pantanal. Sin embargo, la caza del yacaré es una actividad próspera. Vicente cuenta que cada año se cobran aquí dos millones de piezas para vender las pieles a los marroquineros del mundo con veredas. "Un cazador experimentado —cuenta él, que lo ha sido— puede cazar mil o mil doscientos bichos en un mes de campaña. Los caza con rifle 22, una bala chiquita entre los ojos, para no arruinar el cuero, o si no a la encandilada: uno mantiene al yacaré inmóvil con una linterna y el otro, mientras tanto, lo mata con un bruto golpe en la cabeza." Una piel vale en el Mato de diez a quince dólares; en la ciudad, no menos de cien. Más al sur, el viajero ha escuchado estas mismas historias en tierras de los chamacocos: una fracción disidente de la tribu, los yacareceros, se dedica a esta caza. Son contingentes de quince o veinte hombres que parten en canoas río arriba, desde sus poblados junto al Paraguay, y se internan en los bañados del río Negro. Allí cazan durante un mes, durmiendo en sus botes y expuestos a todos los peligros: los guardias forestales brasileños, mayoría de ex convictos, les tiran a matar antes de preguntar nada.

Bestias, fotos, encuentros, trajín del jeep y las cervezas. El viajero empieza a sentir —conoce— la pasión del cazador, armado con su cámara: el ojo atento, los músculos tensos, los dedos agarrotados sobre el disparador para captar el movimiento de una rama, ese brillo en el agua, la fuga de un pájaro pequeño que alerte sobre la presencia de un animal mayor. Signos ignotos, que van cobrando sentido poco a poco, actuando sobre viejos instintos de la especie.

En el Pantanal, por momentos, no hay exotismo, se disuelven las segundas lecturas: quedan olores, gritos, movimientos, una súbita irrupción de lo primario. No hay discurso, por momentos, en esta sinfonía desmadrada.

Otra noche. Mañana, con el sol, los hombres tratarán de conseguir una barca para remontar el río Abrabao. El viajero, desarmado en su hamaca, mira las estrellas en el cielo tan negro, interrumpido de tanto en tanto por un rayo sin tormenta, que va trayendo poco a poco la tormenta, y piensa que el viaje o cierto relato del viaje ha terminado aquí, en una fazenda abandonada, en una hamaca bajo estrellas tropicales, entre grillos y ranas y relámpagos mudos: por qué aquí, piensa, en medio de una imagen tan estereotipada, tan vulgar del ocio y la distancia.

Hay pocos viajes que no conozcan —desde el principio— sus palabras.

(1990)

Pero yo sigo sospechando que los viajes son, en realidad, otra cosa. Que son el cuerpo de esa mujer que ponía el cuerpo en el funicular del Victoria Peak, en Hong Kong, con una remera innecesaria que decía Keep on looking y que volví a ver, un rato después, revolcándose con un rubio en el pasto de la colina, y nunca más. O el placer de entender un cartel en ruso que decía que en esa celda había estado preso, a punto de ser fusilado, Fiodor Mijáilovich Dostoievski. O las vueltas que di para no conseguir una entrevista con el general Bussi, en Tucumán, y, al entrar en su despacho, mi terror ante esa cara hecha de terrores. O la noche en que jugamos a dígalo con mímica en una playa de Cap Haitien y yo hacía de vaca para representar la vía láctea. O dos mujeres extremadamente pobres, flacas, sucias, en esa misma playa, que se compraron un ramito de flores secas. O las latas de atún y paquetes de galletas y frutos secos con los que desembarqué en Moscú, preparado para la hambruna, y el engorro de no saber qué hacer con ellos cuando llegó el momento de volver. O una madrugada en Cochabamba, cholas que descargaban sus verduras en el mercado y yo que no podía dejar de cantar un estribillo de la número doce. O la felicidad rara, desbordada, de subirme al segundo piso de un tranvía de Hong Kong y sacar fotos por la ventanilla de adelante. O una fonda china donde la cocinera se reía a carcajadas incendiando los platos que cocinaba para que yo les sacara fotos, y el gusto a óxido que tenían después. O las tetas infladísimas que me mostraba en los desayunos de la lanchonette un travesti en San Pablo. O el olor hiriente del aceite hirviendo con el que freían queso de *soja en algunas calles de Hong Kong, que se parecía tanto al taitetú frito del Chapare. O una confitería de Santa Cruz de la Sierra en la que me aburrí varias siestas y lo más sorprendente no era el camarero marroquí, alto y elegante, que me contó que su novia boliviana se había preñado de él en París, donde vivían, y que ahora se lo había llevado a ese rincón del mundo. O también puede ser esa madrugada en que no podía dormir y andaba por Pekín en bicicleta hasta que empezó a salir el sol, o el sol aquel amanecer perfecto en el cráter de un volcán africano, o un camino puneño lleno de cardones y de polvo donde el land rover corría y cantaba Camarón de la Isla en el casete y yo quería a toda costa tomarme un buen rioja. O la vida de burócrata feliz y convencido que le imaginé, en sus mínimos detalles, a mi compañero de compartimento en un tren nocturno que iba a Leningrado, y que nadie desmintió. O el terror de suponer que una entrevista muy difícil, con Luiza Erundina, alcaldesa de San Pablo, no se había grabado o el orgullo de conseguir prestada una cámara de fotos en Haití o la suerte de encontrar en un avión de Moscú a Londres a uno de los disidentes soviéticos más buscados o esa misma tarde en el aeropuerto de Londres, cuando no me alcanzaba el cambio para un chocolate y me metí sin darme cuenta en un baño de mujeres que gritaban.*

O las horas desgranando maíz en un caserío boliviano para que las cholas me contaran historias de Guevara, con la vaga idea de que estaba llegando al colmo del folklorismo y la impostación y, al mismo tiempo, la sensación confusa de que me gustaba. O tres adolescentes feas que comían tres helados cada una en la Plaza Roja de Moscú, y que se ocultaban cuidadosamente cada vez que las apuntaba con mi cámara. O tres chinos jóvenes, bien vestidos y muy borrachos que, un mediodía en una fonda de Pekín, me convidaron todo lo que tenían, sonriendo y repitiendo todo el tiempo Maradona, Maradona, porque era nuestra única palabra común. O las ostras de una noche que me sentí rico y famoso en el aeropuerto de Londres. O el peluquero de putas que me cortó los cuatro pelos con saña descuidada en un barrio turbio de San Pablo y el peluquero lleno de santos y futbolistas que me cortó los cuatro pelos en Miamicito, La Paz, y no aceptó propina, y la peluquera gorda y muy teñida que me cortó los cuatro pelos en un sótano de Leningrado hablándome en ruso todo el tiempo. O una comida con mucho caviar en un restaurant berreta de la ciudad que yo entonces llamaba, en broma, San Petersburgo, donde el camarero volvía cada cinco minutos con algún nuevo producto de mercado negro para ofrecerme: más caviar, relojes, gorros de astrakán. O un policía boliviano que me amenazó durante diez minutos con todos los castigos del purgatorio para pedirme una coima de treinta centavos de dólar. O una sala municipal de teatro con mucho aire acondicionado en Santa Cruz, donde dos actores destrozaban una obra muy reivindicativa sobre la conquista. O la tarde en que busqué largo rato el oso panda en el zoológico de Güilín y nadie me entendía y todos me querían mostrar la cebra, que era la estrella del lugar, hasta que lo encontré, aburrido y sucio, demasiado conocido, en una jaula sin luz.

Y también queda un cura portugués que enseña historia en Macao y parecía tan homosexual como reprimido y, durante una larga cena en Yang Shuo, fundamentó con citas en arameo, sánscrito, latín, griego, cantonés y malayo, además de varias lenguas romances, por qué las mujeres son despreciables y él seguía viviendo con su mamá, y si no el olor del cilantro en Bolivia, del jengibre en Suzhou, de los basurales de Port-au-Prince, un perfume que nunca usé en Moscú y siempre me hace pensar en Moscú y el jamón intragable de un hotel de San Pablo, el mole de aquel mercado en Tepoztlán, el agua rojiza de las canillas del Chapare, la verga interminable de un carpincho en el Mato Grosso, el movimiento de esa stripper tailandesa, los fuegos del Etna desde el mar, una mesa de billar en una calle de Shanghai, una mujer que leía en español en un aeropuerto, una mujer que me miró y quiso hablarme en chino, la chicha caliente de dos cholas en Cochabamba, un camello de mirada de perro en algún lado, las sonrisas ávidas de los botones, los pedidos, las súplicas, otras *sonrisas displicentes, miradas despectivas, los rasgos de muchas caras que se van borrando con razón.*

Creo que esto es lo que sé de estos viajes. Esto que afortunadamente es obsceno, que no se puede contar. El resto, los relatos, pronto se vuelve desconocido, ajeno: es el discurso que se organiza para sobrevivir, para pagar las deudas: estrategias para alejar las imágenes que alguna vez importarán.

ÍNDICE

9	*Ahorita*
11	Apogeo de un género
13	**LARGA DISTANCIA**
16	Hong Kong El espíritu del capital
32	Don Miguel o el honor de la deshonra
37	Bolivia Los ejércitos de la coca
56	Saderman Memorias del ojo
68	Moscú La ruleta rusa
88	Fouché o el arte de la permanencia
93	Haití La isla de la fantasía
112	De Madrid al Cielo
116	Malcolm Lowry: Ni el volcán
127	Da Costa o la fuga de los dioses
131	Lima Perfume del final
155	La patria 1 Cadáveres exquisitos

167	La patria 2	
	Dos, tres, muchos Guevara	
172	La patria 3	
	San Ernesto de La Higuera	
188	Alcibíades o el orgullo de la patria	
193	La China rosa	
223	Caparrós o la derrota esperanzada	
226	Mato Grosso	
	El mismo río	